Als Kind im Revier

Bibliografische Information der Deutschen Bibliothek:
Die Deutsche Bibliothek verzeichnet diese Publikation in der Deutschen National-
bibliografie; detaillierte bibliografische Daten sind im Internet über http://dnb.ddb.de
abrufbar.

1. Auflage Mai 2010
2. erweiterte Auflage August 2011

©Pomaska-Brand Verlag 2011
Alle Rechte der Verbreitung, auch auszugsweise, vorbehalten

Layout und Umschlaggestaltung:
Sigrid Pomaska

Herstellung und Vertrieb:
Druck und Verlag Pomaska-Brand GmbH
Schalksmühle

ISBN 978-3-935937-79-5

Emmi Beck

Als Kind im Revier

Geschichte in Geschichten

*Viel Freude beim Lesen wünscht
Emmi Beck*

Pomaska-Brand Verlag

Inhaltsverzeichnis

Einleitung
Am Wasserfall 7

TEIL I
ERINNERUNGEN AN DIE KINDHEIT

Volksschulzeit: 1946 - 1951 15
Realschulzeit: 1951 - 1956 25
Wir spielten gern und ausgeprägt 42
Einkaufen im Mangel 54
Splitter aus dem Krieg 70
Große Wäsche 87
Meine Konfirmation 91

TEIL II:
GESCHICHTE IN GESCHICHTEN

Großvater 97
Ein Tag im Mai 101
Kaffeetrinken bei Tante Hulda 104
Lasst uns froh und munter sein 107
Gezähekiste 111
Saupech 115
Esel Eckey 121
Kugeln 125
Cara Angelica 129

Über die Autorin 133

Einleitung

Am Wasserfall

Ich atme den Geruch des herbstlichen Laubs, das unter meinen Schritten lauter raschelt als sonst. Autos stehen von Platanenblättern zugeregnet auf der ehemaligen Grünanlage in der Mitte der Straße und geben ein trauriges Bild ab.

Die alten Platanen könnten die ganze Geschichte der Straße erzählen.

Zwischen den Autos schlendere ich langsam hinauf bis zum letzten Haus der ungeraden Zahlen Nr. „23", meinem Elternhaus. Die Kehle zugeschnürt, der Blick eingeengt. Ist das die Straße meiner Kindheit? Seit fünfundvierzig Jahren bin ich weg, aber niemals war ich in ihr so fremd wie heute. Bei keinem Besuch.

Die Straße ist kurz und überschaubar. An jeder Seite drei Häuserblöcke weit auseinander gezogen, damit in die Mitte eine Grünanlage passte. Jeder Block hat vier Eingänge, die mit wenigen Schritten an einer kurz gehaltenen Ligusterhekke vorbei zur Haustür führen. Heute würde man die Siedlungshäuser als Reihenhausbebauung einstufen. Zum Anwesen gehörten ein kleiner Garten und ein Stall hinter dem Haus. Hühner oder Schweine bevölkerten diese bis nach den so genannten schlechten Jahren.

Sah man in die Straße „Am Wasserfall"[*] vom „Beckstedtweg" aus hinein, konnte das Auge anfangs frei über die Häuserreihen hinweg auf eine große Sportanlage gleiten, bis es

---

[*] Die Namen der Straßen „Am Wasserfall" und „Beckstedtweg" wurden nach Kohleflözen benannt.

durch den Klinkerbau der Katholischen St. Borromäus Kirche angehalten wurde. Rechts der Kirche der graue Bau der Salzmann – Volksschule.

Mit dem Siedlungsbau rund um die Zechen, der den Ortsteil Dortmund – Dorstfeld (Oberdorf) entwickelte, war 1929 das Gotteshaus entstanden. Glockengeläut von morgens um sechs bis abends um acht Uhr begleiteten die Menschen durch den Tag. Niemand brauchte eine Uhr, denn der viertelstündliche Schlag der Turmuhr war verlässlich.

Die Platanen am Rande der innen liegenden Grünfläche, waren der letzte Akt des neuen Wohnquartiers. Sie sollten das Einerlei des Siedlungsbaus auflockern. Das Gras wurde gepflegt, niemand durfte es betreten. Wir Kinder hatten genügend Spielflächen auf den nahen Sportplätzen.

Die Zeiten änderten sich. Die Kirche war von der Straße aus nicht mehr sichtbar, man hatte eine Holzturnhalle als Riegel gebaut.

Hinter ihr versteckten sich die Gruppenappelle der HJ und des BDM auf den Sportplätzen. Meine Schwester musste dort antreten. Jedes Mal suchte sie ihren Lederknoten für die Uniform, der irgendwo in der Ecke einer Schublade verkramt war.

In der Halle wurde geturnt und zu markigen Volksliedern marschiert, bis die Holzbohlen knarrten. Jeder dieser Auftritte endete mit dem gewaltigen Ruf: Gut Heil, gut heil, gut heil, der so laut schallte, dass wir Kinder uns duckten.

Die Reihenhäuser veränderten sich im Laufe der Jahre. Schöner sind sie nicht geworden. Früher war der Außenputz durch die nahen Zechen und die Kokerei vom Ruß einheitlich geschwärzt. Heute wetteifert die junge Generation der Eigentümer mit Klinker- und Kunststoffplatten. Einige Fassaden sind in grellen Tönen von Rosa bis Hellrot gestrichen.

Großflächige Einscheibenfenster ersetzten die Sprossenfenster. In diese modernen Fenster wird niemand mehr Federbetten zum Lüften auslegen. Moderne Rollläden, oft über dem Fenstersturz befestigt, zeigen den Fortschritt an. In der Kindheit hatten die Fenster hölzerne Schlagläden, die am Tag mit einem Puppenmechanismus festgestellt wurden; abends konnten die Läden nur bei geöffnetem Fenster und mit langem Arm geschlossen werden.

Die Hauseingänge! Die alten Schreinertüren sind verschwunden. Protzige, dem Baustil nicht angepasste Treppen führen zu modernen Haustüren aus weißem oder braunem Kunststoff mit oder ohne Überdachungen. Die Klingeln in praktischer Griffhöhe für abendliche Schabernacke gibt es nicht mehr.

In den Höfen sehe ich keine Teppichstangen und Pfähle für die Wäscheleinen. Sie gehörten selbstverständlich zum Haus. Die hohen Querstangen der Teppichstangen turnten wir blank. An ihnen hingen Schaukeln, die uns hoch in die Lüfte trugen.

Auf halber Höhe der Straße wohnten kinderreiche Familien. Sie waren noch ärmlicher gekleidet als wir alle. Die Großmütter der Familien gingen jeden Morgen und Abend mit dem Gebetbuch zu den Andachten. Diese Familien sorgten für die Sauberkeit der Kirche und den Altarschmuck.

Ins Gerede kam ein Ehepaar. Sie hatte ein großes Mundwerk und eine ausladende Figur, er war kriegsblind und ging mit Führhund. Die Söhne rüpelhaft, pöbelten oft angetrunken durch die Straße. Da die Nachbarn versuchten, Streitereien aus dem Weg zu gehen, lebten sie isoliert neben der Gemeinschaft.

Ich sehe hinüber zum Eingang von ‚Ecksteins', einem Ehepaar aus Ostpreußen. Er, schon in Rente, stand mittags noch im Doppelrippunterhemd und breiten Hosenträgern mit Binde für seinen Zwirbelbart in der Tür oder lag auf einem Sofakissen im Fenster wie andere Nachbarn auch. Nachmittags war er nie ohne seine Tabakpfeife anzutreffen. Er rauchte kalt.

Ich trete in eine Mulde, erschrecke, im Unterbewusstsein sinke ich tiefer und tiefer, bis in den Bunker. Während des Krieges bauten hier die Männer, die nicht „gezogen" waren, unter der Grünanlage den Schutzraum für die Zivilbevölkerung der Straßen „Am Wasserfall" und „Beckstedtweg". Für die Nachbarn ein Leichtes, denn sie waren es aus dem Bergbau gewohnt, Stollen und Strebe voranzutreiben.

Bei Sirenengeheul rannten die Menschen mit den wichtigsten Habseligkeiten und weinenden Kindern an der Hand zu den Eingängen. Menschen saßen dicht bei einander, zitternd und betend. Zögernd kamen sie beim Entwarnungszeichen heraus, unsicher, ob die Häuser noch stünden. Das Dröhnen der Flieger und die Detonationen nach den Bombeneinschlägen hatten die Bunkerwände erschüttern lassen und ließen nichts Gutes ahnen. Aber unser Viertel blieb, wie durch ein Wunder, fast verschont. Nur in den letzten Tagen des Krieges wurde ein Haus total zerstört, die Bewohner fanden bei uns im Keller und auf dem Boden eine Herberge.

Oben in der Straße, im Schatten der Sporthalle, am Eingang des Bunkers, versorgte ein riesiger Hydrant bei Rationierungen zu festgesetzten Zeiten die Menschen mit Wasser. In allen verfügbaren Gefäßen legten Frauen Vorräte an. Man wusste nie genau, wann es das nächste gab.

Die fallenden Blätter sind das einzige, was sich hier in der Straße meiner Kindheit bewegt. Kein Mensch zu sehen, keine Gardine wird vorsichtig zur Seite geschoben, um den Fremden zu begutachten, kein Fenster geöffnet. Wohnen hier noch Kinder, oder leben hier nur Erwachsene?

Stille.

Dort oben das Fenster, verschlossen – als hätte er es für immer zugemacht und die Rollläden für immer herunter gelassen. Er lag dort den lieben langen Tag mit aufgestützten Unterarmen auf einem Sofakissen. Die eine Hand durch eine schwarze Lederprothese ersetzt, abgespreizt. Niemand aus der Straße konnte seinem Blick im Visier entgehen. Er kannte alle Familiengeschichten oder bog sie sich zurecht. Vorsicht war geboten. Wir Kinder liefen angstvoll fort, wenn wir ihn sahen.

Ich schlängele mich an den letzten parkenden Autos vorbei, kann vom Heute wenig aufnehmen.

Meine Augen suchen die St. Borromäus Kirche. Die Türme mit der Uhr ragen über dem hässlichen Flachbau des Schulzentrums. Es wurde auf dem Gelände der ehemaligen Sportflächen errichtet.

„Am Wasserfall", Nummer 23, mein Elternhaus, die Substanz durch einen Umbau verdoppelt. Über drei Etagen geht das Leben der Generationen weiter. Mit seinem sandsteinroten Putz, Holzfenstern und Schreinertür hebt es sich von den anderen in der Reihe wohltuend für das Auge hervor.

Mein Klingeln wird nicht gehört. Niemand zu Hause. Verschlossen.

Der Besuch sollte eine Überraschung werden.

Teil I

Erinnerungen an die Kindheit

VOLKSSCHULZEIT: HERBST 1946 BIS OSTERN 1951

Im Herbst 1946 wurde ich in die evangelische Salzmann-Volksschule eingeschult.
Das Gebäude konnte man vom Elternhaus sehen. Nur ein Sportplatz lag dazwischen. Den nutzten wir als Spielplatz zum Pöhlen, Turnen, Schlag- und Völkerball spielen.
In der Woche vor unserem „I"- Männchentag liefen meine Freundin und ich zum Schulgebäude. Wir schlichen die breite Eingangstreppe hoch und versuchten, die Klinke der riesigen Tür herunterzudrücken. Nichts geschah. Wir hätten zu gern in die Schule hinein gesehen. Vom oberen Podest blickten wir auf den großen Schulhof hinunter, der unter uns so ruhig lag, als würden hier nie Kinder herum tollen und schreien.
Die Scheiben der hohen Fenster in dem zweigeschossigen Bau waren zum Teil noch von den Bombenangriffen des Krieges zerbrochen und mit Pappendeckel vernagelt. Am nächsten und übernächsten Tag versuchten wir es noch einmal hineinzukommen. Es gelang wieder nicht.
Mit jedem Besuch dort wuchs das Gebäude und erdrückte unsere Erwartungen.
Einmal begann die Schulsirene zu heulen. Wir zuckten zusammen, duckten uns. Nein, kein Fliegeralarm. Der Krieg war aus. Der Hausmeister hatte offenbar vergessen, die Sirene auszuschalten.
Zum Einschulungstag bekam sogar ich ein neues Kleid. Es war aus zwei älteren geschneidert, und eine weiße Voileschürze sollte es schonen.
Einen wunderbaren ledernen Tornister, Schiefertafel – sie hatte einen Sprung - und einen mit einem Bauernhof bemalten Griffelkasten hatte ich von meiner acht Jahre älteren Schwester geerbt. Nur die braune Schwammdose von Pelikan war gekauft. Die weißen Tafellappen mit blauen Mause-

zähnchen umrandet, die aus dem Tornister baumelten, waren mein ganzer Stolz. Sie waren nicht ganz gelungen, aber meine erste Häkelarbeit.

Im Griffelkasten lagen zwei Griffel, die Mutter mit dem „Hümmelchen" angespitzt hatte. Zum Schrecken machten sie beim heimlichen Ausprobieren auf der Tafel einen hohen Kreischton. Gänsehaut lief mir über die Arme.

Am Tag der Einschulung begleitete Mutter mich ein Stück. Den Rest legte ich hüpfend, mir Mut machend, zurück. Mutter rief: „Hast du ein Taschentuch? Geh grade". Dieses Ritual behielt sie während der gesamten Schulzeit bei. Später wusste sie, wie sie mich damit ärgerte, lassen konnte sie davon nicht.

Dieser Spruch hat sich mir so eingeprägt, dass ich ihn heute noch höre, wenn ich aus dem Haus gehe.

Größere Schüler, die ich auf dem Weg traf, zeigten mit Zeigefingern auf mich und riefen hämisch: „Fit, fit, fit, I-Männchen, Kaffeekännchen" und liefen lachend davon.

Die Eltern hatten von dieser Sitte erzählt. Trotzdem war ich eingeschüchtert.

Auf dem Schulhof wimmelte es von großen und kleinen Kindern. Ich suchte die mit den Tafellappen und gesellte mich zu ihnen.

Beim Schellen der Glocke stellten sich die großen Schüler klassenweise in Zweierreihen auf und stiegen geordnet und ruhig die Treppe zum Schulgebäude hinauf.

Zu uns I-Männchen trat eine ältere Lehrerin. Dünn, mit grauem Haar und grauer Kleidung. Sie las mit strengem Gesicht unsere Namen vor und hieß uns, der Größe nach in Zweierreihen aufzustellen. Wir hörten Namen, die wir bisher nicht kannten und es stellten sich fremde Kinder in unsere Reihe. Einige überragten uns an Größe. Sie hatten keinen Tornister. Einige hatten merkwürdige Taschen umhängen.

Endlich war es so weit, wir gingen in die Schule. Unsere Lehrerin, Fräulein Lindenborn, führte uns in den riesig hohen Klassenraum. Er war düster, denn die mit Pappe zugenagelten Fensterscheiben nahmen das Tageslicht. Eine kaputte Lampenkugel pendelte von der Decke. Eine elektrische Birne war zu sehen.

Wir suchten, immer zwei und zwei, in den Holzbänken unseren Platz. Meine Freundin und ich wurden auseinander gerissen, weil die Reihenfolge unserer Größe nicht ins Schema passte. Die Kleinen sollten vorn, die größeren hinten sitzen. Für 48 Schüler gab es Plätze in den Bänken, die aber nicht ausreichten. Dreierbänke wurden gebildet. Das bedeutete, dass ein Schüler oder eine Schülerin mit einem Bein über den trennenden Balken zwischen die Plätze steigen musste. Es traf die kleineren. Sie saßen sehr unbequem und wussten mit ihren Sachen nicht wohin. Rangeleien ergaben sich.

Die fremden Kinder saßen hinten. Sie waren höher gewachsen als wir. Beim genaueren Hinsehen erkannte ich das eine oder andere Gesicht. Es waren die Flüchtlingskinder. Sie stromerten umher, sahen uns beim Spielen auf dem Sportplatz zu, versuchten den einen oder anderen Ball zu ergattern, um damit herumzutändeln. Weder sie noch wir waren je auf die Idee gekommen, miteinander zu spielen, und nun saßen wir in einer Klasse.

Sie sahen anders aus, hatten noch dürftigere Kleidung als wir. Sie wohnten in Baracken. Jenen langen Holzhäusern, die im Krieg mit Stacheldraht umzäunt waren und in denen die im Bergbau eingesetzten Fremdarbeiter, meistens russische Kriegsgefangene, lebten.

Die fremden Kinder sprachen deutsch in anderer Mundart, rollten das „R" und dehnten die Wörter breit aus. Wir konnten sie schlecht verstehen. Sie gingen grob mit sich und uns um.

Dann waren da noch die Kinder von den „Ausgebombten". Sie hatten vom Wohnungsamt Zimmer in der Nachbarschaft zugewiesen bekommen, wo sie mit ihren Familien auf engstem Raum lebten. Einige kannten wir schon.

Unsere Eltern ermahnten uns, sie nicht beim Spielen auszuschließen. Wir sollten in unserem Haus bald eine Berliner Familie aufnehmen.

In dem strengen Winter 1946/47 bekamen wir mittags eine Schulspeise, Schwedenspeisung. Sie bestand aus einer dicken, nahrhaften Suppe. Die Nudelsuppe hatte sogar eine beachtliche Fleischeinlage. Das Kochgeschirr brachten wir von zu Hause mit. Wenn genügend Suppe vorhanden war, durften einige Kinder sich den Rest mitnehmen. Später konnten Kinder von Selbstversorgern, also deren Eltern Gärten besaßen, nicht mehr an der Schulspeisung teilnehmen. In den Monaten mit „R" mussten wir regelmäßig einen Löffel Lebertran einnehmen.

Schultüte ja oder nein

Solange ich auch darüber grübele, ich weiß nicht, ob ich zur Einschulung eine Schultüte hatte oder nicht. Ein Foto von diesem aufregenden Tag gibt es nicht.

Die Schultüte meiner acht Jahre älteren Schwester lag im Wäscheschrank hinter den Leinentüchern. Irgendwann hatte ich sie beim Schnüffeln entdeckt. Sie war fast so groß wie ich selbst und mit bunten, glänzenden Bildern beklebt. Die Spitze war mit Seidenpapier ausgefüllt und das grüne Krepppapier oben sollte sicher nach Füllung zugebunden werden.

Vielleicht hatten die Eltern nichts, was sie in die Tüte hätten geben können, und ich brauchte sie deshalb nicht mit zur Einschulung nehmen.

Ich kann mich nur erinnern, dass die Spitze der Tüte abgeknickt war, als ich sie ein anderes Mal hinter den Tüchern hervorholte. Vielleicht war ich der Übeltäter. Passierte mir das Unglück an meinem ersten Schultag oder beim Kramen im Wäscheschrank?

Es kann auch sein, dass ich mir wegen des Gezänks mit meiner Schwester, „Du machst mir aber alles kaputt", die Schultüte aus meinem Gedächtnis gestrichen habe.

Das „i" und die „1"

Am ersten Schultag lernten wir das „i" auf die Schiefertafel schreiben. Im Takt mit der Lehrerin sprachen und schrieben wir: „rauf, runter, rauf, Pünktchen oben drauf", bis die erste Reihe voll war. Zur Bekräftigung des Taktes schlug Fräulein Lindenborn mit dem Rohrstock auf die Kante der ersten Bank. Unsere Finger verkrampften, die Lehrerin öffnete das Fenster, auch wenn es noch so kalt war. Den Kinderreim höre ich noch in mir, der half wieder Bewegung in die steifen Finger zu bekommen:

„Zehn kleine Zappelmänner zappeln hin und her, zehn kleinen Zappelmännern fällt das gar nicht schwer. Zehn kleine Zappelmänner zappeln auf und nieder, zehn kleine Zappelmänner tun das immer wieder. Zehn kleine Zappelmänner zappeln ringsherum, zehn kleine Zappelmänner, die sind gar nicht dumm. Zehn kleine Zappelmänner spielen gern Versteck, zehn kleine Zappelmänner sind auf einmal weg! Zehn kleine Zappelmänner sind nun wieder da, zehn kleine Zappelmänner rufen laut: Hurra!

Als Hausaufgabe hieß es, alle Linien auf der Tafel mit „i" voll zu schreiben. Das gelang mir nach Ansicht meiner Mutter nicht schön und sauber genug. Mit einem nassen Schwamm wurde die Tafel leer gewischt, und alles begann von vorn. Und das bei schönstem Spielwetter!

Aus i wurde ia, mia, miau... Wir lernten mit bildhaften Darstellungen der Lehrerin, einzelne Buchstaben und schnell das ABC zu schreiben und zu lesen. An die Erlernung des großen „H" kann ich mich gut erinnern. Es war Winter und kalt. Wir saßen in Mänteln in den Bänken. Über Nacht waren an den Fenstern Eisblumen gefroren. Die Lehrerin hauchte die Fensterscheibe mit einem lang gezogenen „H" an. Das filigrane Gebilde der Eisblume zerfloss.

Die Zeit der kleinen Diktate begann. Die Lehrerin ging mit Kreide durch die Reihen an jeder einzelnen Schiefertafel vorbei, las den Text und schrieb die Anzahl der Fehler darunter. Auf jeden Fall mussten wir das Ergebnis zu Hause vorzeigen.

Parallel zum Buchstabenschreiben lernten wir die Zahlen ordentlich in die Rechenkästchen zu bringen. Bei den späteren Rechenpäckchen mussten alle Zahlen, die Minus-, Plus- und Gleichheitszeichen sorgfältig untereinander stehen. Früh begannen Kopfrechnenübungen. Alle Kinder standen in der Bank. In schneller Folge wurden die Aufgaben gestellt, und wer zuerst das richtige Ergebnis wusste, durfte sich setzen. Später gab es längere Kettenaufgaben, und in den nächsten Schuljahren wurde das kleine und große Einmaleins auf diese Weise abgefragt.

Vor Diktaten, Rechenarbeiten und später Aufsätzen und Nacherzählungen gab es keine Aufregungen. Alles gehörte wie selbstverständlich zum Alltag dazu, wie Berichtigungen und kleine zusätzliche Übungen.

Steigt! - Versetzt!
Unser erstes Schuljahr dauerte wegen der Kriegsauswirkungen nur vom Herbst 1946 bis Ostern 1947. Das erste mir vorliegende Zeugnis ist aus der zweiten Klasse, 2. Halbjahr. Acht mal gut, davon dreimal in den „Kopfzensuren", Schulbesuch „regelmäßig", Bemerkungen: „steigt". Unterschriften von der Klassenlehrerin Lindenborn, dem Schulleiter Heuerbauer und meiner Mutter:

Frau Emmy Brinkmann.

Mutter unterschrieb die gesamte Schulzeit über meine Zeugnisse, einmal mit Frau Karl Brinkmann. Die Unterschrift fiel immer gleich aus, als sei sie mit einem Stempel gesetzt.

Außer für Übungen zu Hause hatten Schiefertafel und Griffel ausgedient.

In der Schule schrieben wir mit Bleistift in ein Schreibheft mit Hilfslinien und ein Rechenheft mit größeren Kästchen. Die Hausaufgaben wurden mit Tinte erledigt. Beim Eintauchen der Schreibfeder in ein Tintengläschen konnten die Finger blau werden und Schmierflecke im Heft blieben nicht aus. Außerdem war das Papier nicht faserfrei. Kleine Fusel setzten sich in der Feder fest und brachten an den schön gemalten Buchstaben eigenwillige, völlig unnötige Verzierungen hervor. Mit der Zeit gewöhnte man sich an die Schwierigkeiten. Das Papier der Hefte wurde glatter, die Bemerkungen der Lehrerin zur Handschrift und Sauberkeit wurden kürzer. Später schrieben wir auch in der Schule mit Tinte. Ich glaube, dass ich Weihnachten 1950 einen Füller geschenkt bekam.

Ab drittem Schuljahr waren nur noch altersgleiche Schüler in der Klasse und jeder hatte seinen eigenen Platz.

Frau Erna Hunger hieß unsere neue Klassenlehrerin. Eine kleine, gedrungene Gestalt, die sich wegen ihres Namens allerlei Neckereien anhören musste.

An Namen wie Elisabeth Poppensicker, Fräulein Königsbüscher, Herr Petermann, Frau Krekeler kann ich mich erinnern. Einige von ihnen bildeten sich offenbar weiter, denn man traf sich auf der Realschule wieder. Helmut Teiner wurde nach Frau Hunger unser Klassenlehrer.

Fräulein Königsbüscher unterrichtete uns in Handarbeit. Als erstes lernten wir Strümpfe zu stopfen.

Der Fächerkanon erweiterte sich: Heimatkunde, Religion, Musik und Turnen kamen hinzu. Für einige Fächer gab es keine Lehrbücher. Das bedeutete, dass wir das in der Stunde vom Lehrer entwickelte Tafelbild abschreiben und zu Hause ins Hausaufgabenheft übertragen mussten. In Heimatkunde ging das etwa so:

Deutschland oder die Regionen zeichnete man frei aus der Hand nach einer großen ausgerollten Karte am Ständer.

Städte, Flüsse, Gebirge wurden ungefähr festgehalten. Ob alles am maßstabsgerechten Platz war, war nicht so wichtig. Wichtig war, dass wir die Heimat gründlich kennen und begreifen lernten. Blaupausen und Matrizenabzüge erleichterten später die Arbeit. Linien und Punkte waren vorgegeben, es mussten nur noch die Namen eingetragen werden: Städte (rot), Flüsse (blau), usw., so ließen wir eine perfekte Landkarte entstehen.

Das Fach „Musik" bedeutete „Singen". Wir lernten Lieder der Jahreszeiten und Festtage mit allen Strophen auswendig. Vielleicht sangen wir nicht schön, aber mit Inbrunst.

Zum Turnen wurden zwei Klassen in einer Doppelstunde zusammengeführt, aber nach Geschlechtern getrennt in Riegen unterrichtet.

Wir Mädchen trugen kurze Hosen aus schwarzem Satin, die an der Taille und an den Beinen durch ein Gummiband gehalten wurden. Sie sahen aus wie abgeschnittene Pumphosen. Dazu hatten wir als Oberteil weiße Doppelripphemden mit Achselverschluss an. Die Jungen trugen kurze, schwarze Shorts ähnliche Hosen und schwarze Hemden. Warm laufen durften wir uns gemeinsam, danach kam die strikte Trennung. Am Schluss der Stunde durften gemeinsame Ballspiele gemacht werden. „Völkerball" war sehr beliebt.

Im Sommer fand der Turnunterricht auf dem Sportplatz statt. Wir übten Laufen, Werfen, Springen und spielten Schlagball. Im Winter turnten wir an Geräten. Schwünge am Barren und an den Ringen, Bockspringen, Balancieren auf den Bänken, Bodenturnen, Klettern und Krafttraining an der

Sprossenwand standen auf dem Plan. Manchmal machten wir gymnastische Übungen zur Lockerung und Stärkung der Beweglichkeit.

Aufnahmeprüfung zur Realschule

Die Lehrer schlugen meinen Eltern nach der vierten Klasse vor, mich auf eine weiterführende Schule zu schicken. Zu Hause gab es Diskussionen um Schul- und Fahrgeld und um eine bessere Kleidung. Die Eltern hatten Angst, die Ausgaben auf Dauer nicht aufbringen zu können. Das Thema wurde um ein Jahr vertagt, und endlich entschlossen sie sich auf weiteres Drängen der Lehrer, mich zur Aufnahmeprüfung bei der Droste-Hülshoff-Realschule anzumelden.

Eine Woche dauerte die Prüfung. Jeden Tag wurden Diktate und Rechenaufgaben als Arbeit geschrieben. Leseproben von Texten gehörten zur Prüfung wie mündliche oder schriftliche Zusammenfassungen der Geschichten usw.

Das Resultat der Prüfung „bestanden oder nicht" ließ auf sich warten. Wir gingen schon längst wieder in die Volksschule und fieberten jeden Tag, ob das Ergebnis wohl kommen würde. Eines Nachmittags, meine Freundin und ich gingen am Schulgebäude vorbei, öffnete sich ein Fenster, und Frau Hunger rief uns zu: „Ihr habt beide bestanden, morgen in der Klasse mehr". Marlies und ich veranstalteten ein Indianergeheul vor Freude. Die der Eltern hielt sich in Grenzen.

Poesiealbum

Weihnachten 1950 bekam ich ein Poesiealbum geschenkt. Viele Mitschülerinnen hatten schon eins. Das Album ist schlicht, ohne Glanzbilder oder Zeichnungen.

Meine Eltern schrieben mir: „Wo Du hingestellt bist ist gleich, wie Du dastehst ist das Entscheidende." Leider weiß ich bis heute nicht, wer der Verfasser ist. Der Spruch hat mich mein Leben lang begleitet.

Ich bat Menschen ins Album zu schreiben, die für mich wichtig waren und von denen ich einen guten Sinnspruch erwartete: Lehrer, Freundinnen, Cousinen. Beim Durchblättern finde ich leere Seiten, auf denen mit Bleistift oben dünn der Name der gewünschten Person aufgeschrieben ist. Damals weigerten sie sich aus unterschiedlichen Gründen. Grundsätzlich „nein" sagten manche Lehrer, wegen zuviel Arbeit.

Einige der Schreiber sind schon verstorben.

Vielleicht lasse ich die leeren Blätter füllen von meinen Freunden im Alter.

REALSCHULZEIT:
OSTERN 1951 BIS OSTERN 1956

Ab 01.04.1951 ging ich in die Droste-Hülshoff-Realschule, in Dortmund-Marten, „An der Wasserburg". Ehemals beherbergte das Gebäude die Gustav-Freytag-Schule.

Ich war froh und dankbar, dass ich nach einjähriger Bettelei bei den Eltern, Fürsprache der Lehrer und bestandener einwöchiger Aufnahmeprüfung auf eine „höhere Schule" gehen durfte. Der Besuch eines Gymnasiums kam nicht in Frage. Gründe: Zu hohes Schulgeld, selbst zu zahlende Monatsfahrkarten, bessere Kleidung und zu lange, unkontrollierte Abwesenheit von zu Hause in fremder Umgebung. Von der Möglichkeit einer zumindest teilweisen Schulgeldbefreiung hörten meine Eltern erst viel später.

Vielleicht war rückblickend der Hauptgrund, dass ich ein Mädchen war. Nach einer soliden Ausbildung, würde ich doch sicher schnell heiraten oder geheiratet werden. Deshalb sei nach einem Abitur kein Studium nötig, damals der logische Grund eines Gymnasialabschlusses.

Für Mädchen gab es die Marie-Reinders- und unsere Schule als Angebot in Dortmund. Als Auswirkungen des Krieges waren wir noch 1951 in den einzelnen Jahrgangsstufen eine bunte Mischung von mehreren Jahrgängen und stammten aus unterschiedlichsten Landschaften Deutschlands.

Die Schule war hoffnungslos überfüllt, so dass ein so genannter doppelschichtiger Unterricht (wöchentlicher Wechsel vormittags und nachmittags) organisiert wurde, eine Hilfe zur Bewältigung der Raumnot. Der „Betrieb" lief von früh morgens bis 17:30Uhr bzw. 18:30Uhr. Die Unterrichtsstunden betrugen nachmittags statt 45 nur 40 Minuten. Es wurde nicht gejammert oder danach gefragt, wie die Strapazen Schüler und Lehrer belasten würden. Wir wollten und mussten es schaffen.

Schule und Eltern traten gewissenhaft für unsere Erziehung ein. Verstanden haben wir das damals naturgemäß nicht, es war uns lästig.

Lehrer bemühten sich persönlich um Lehrstellen für die abgehenden Schüler.

Sie hielten Kontakt zu den Eltern, baten sie außerhalb von Sprechtagen zu sich, wenn pubertäre Probleme oder andere gravierende Beobachtungen zur Beunruhigung führten.

Die Lehrer achteten auf unsere Kleidung: am besten keine langen Hosen, nicht zu enge Pullover oder Blusen, auf keinen Fall schminken und parfümieren. Verschwendung des Geldes der Eltern waren kleine Naschereien am Kiosk nahe der Schule und wurden bei Entdeckung mit Strafpredigten bedacht.

In der „Morgenschicht" war der wöchentliche Besuch eines Gottesdienstes in den nahen Kirchen Pflicht. Beim Jahresabschluss wurde der Gottesdienst ökumenisch abgehalten und von Schülern gestaltet. Dort mitzumachen war eine Ehre.

Neben den klassischen Unterrichtsfächern wurden an unserer Realschule Handarbeit, Hauswirtschaft, Säuglingspflege, Stenographie, Maschinenschreiben, Unterweisung im Gartenbau (Schulgarten) und Werken (Töpfern, Metall - und Holzarbeiten, schmückendes Zeichnen) angeboten.

Wer Freude am Singen hatte und das strenge Auswahlverfahren durch Theo Strick, dem Musiklehrer, schaffte, durfte in den Schulchor.

Abschlussklassen führten ein vierwöchiges Praktikum in Krankenhäusern, Kindergärten und Anstalten für Behinderte durch. Über das Praktikum wurde ein Bericht angefertigt, und man bekam von der Institution ein Zeugnis.

In der so genannten Oberstufe erhielten wir durch Dortmunder Staatsanwälte Rechtskundeunterricht.

Schulbücher

Ein besonderes Kapitel waren Schulbücher. In den gesellschaftswissenschaftlichen Fächern gab es zunächst keine. Der in der Schulstunde erarbeitete Text wurde vom Lehrer zusammenfassend am Ende diktiert. Zu Hause fertigten wir eine saubere Ausarbeitung an, die kontrolliert wurde. Es war selbstverständlich, dass wir das vom Lehrer entwickelte Tafelbild abschreiben mussten. Für bei Referaten benötigte Bücher entliehen wir der Schulbibliothek oder gingen in die Öffentlichen Büchereien in der Stadt.

Zum auslaufenden Schuljahr entwickelte sich ein Handel von gut erhaltenen Schulbüchern, die von den höheren Jahrgängen verkauft wurden. Das hatte z. B. im Mathematikunterricht zur Folge, dass die Aufgaben, sofern sie sowieso nicht an die Tafel geschrieben oder diktiert wurden, im Zahlenwerk erst einmal abgeglichen werden mussten.

Die Schulbücher in den Hauptfächern mussten von den Eltern gekauft werden. „Einkommensschwache Schüler" erhielten zu Beginn des jeweiligen Schuljahrs einige Bücherexemplare von der Schule zugeteilt. Diese mussten besonders pfleglich behandelt werden, weil sie garantiert an die nächste Generation noch weiter gereicht wurden.

Schulweg

Ich erreichte die Realschule zu Fuß oder mit dem Fahrrad. Ein altmodisches Gerät aus zweiter Hand mit dickeren Reifen, wegen denen ich oft gehänselt wurde.

In den Wintermonaten rechneten die Eltern genau aus, ob es sich anhand der Sonn- und Feiertage bzw. Ferien lohnte, eine Monatskarte für Bus und Straßenbahn anzuschaffen. Bei offenem Frostwetter hatte ich zu Fuß zu gehen; es wurden gelegentlich einzelne Tageskarten gekauft. Dabei spielte der Schichtunterricht eine Rolle. Die Eltern sahen es als gefährlich an, meine Freundin und mich in der Dunkelheit die schlecht ausgeleuchtete Strecke durch Felder und Straßen mit geringer Wohnbebauung gehen zu lassen. War die Entscheidung der Eltern gefallen, lohnte keine Diskussion.

In späteren Jahren genossen wir den Schulweg. Sollte eine Schulstunde ausfallen, kamen wir trotzdem nicht eher nach Hause. Schön war es im Sommer, wenn das reife Korn duftend auf dem Halm stand und wir im Vorübergehen einen dicken Strauß Kornblumen pflückten. Wir legten uns am Feldrand ins Gras, erzählten, träumten, machten Schularbeiten.

Im Winter hatten die einsamen Straßen ohne Kanalisation ihre Reize. In der gefrorenen Rinne fanden wir Fischköpfe oder Gemüseabfall, die erst bei Tauwetter weiter schwammen.

Außerdem traf man Jungen, die von ihren Schulen in der Stadt heimkehrten. Auf die Plaudereien mit ihnen wollten wir nicht verzichten, schon gar nicht in der dunkleren Jahreszeit.

Die Bewegung an der frischen Luft bei Wind und Wetter tat uns gut. An eine Erkältung kann ich mich nicht erinnern.

Meine Mitschülerinnen hatten nicht selten Wege mit Bus, Straßenbahn oder Zug von je 1 $^1/_2$ Stunden zurückzulegen.

Wundervoll fügte sich die Verspätung des „Zugclübchens". Wenn wir durch Vorwarnung der Lehrer: „Nun wiederholt mal schön den Stoff der letzten vierzehn Tage", sich unweigerlich eine Klassenarbeit ankündigte. Es dauerte eine Zeit, bis die Lehrer uns auf die Schliche der „Zugverspätungen" kamen.

Ausflüge
Das Geld für geplante Ausflüge oder Jugendherbergsaufenthalte wurde in wöchentlichen Beiträgen zur Klassenkasse eingesammelt. Wir mussten einen gehörigen Anteil in unserer

Freizeit selbst durch Arbeiten auf dem Feld (Runkeln verziehen oder Käfer sammeln) dazu verdienen. Natürlich unter den strengen Augen der Klassenlehrerin, die die Idee hatte und die Verhandlungen mit dem Bauern führte. Diese Arbeit an der frischen Luft brachte Abwechslung und machte Spaß. Auf dem Felde gab es wunderbar belegte Schnitten und frische Milch in den Arbeitspausen.

Das Taschengeld für die Ausflüge war genau festgelegt. Die sozialen Unterschiede in der Klasse sollten nicht an die Oberfläche gelangen.

In den Jugendherbergen durften wir keinen Kontakt zu anwesenden Jungengruppen aufnehmen. In den Abendstunden bewachten uns die begleitenden Lehrer. Wir hatten genügend Spaß untereinander.

Eltern von Mitschülern, die durch eventuelles Schminken, lockere Redensarten, Flirten oder gar Rauchen auffielen, bekamen eine Benachrichtigung. Im schlimmsten Fall mussten die Schülerinnen abgeholt werden und durften nicht an der nächsten Klassenfahrt teilnehmen.

Klassenlehrerin in der Sonderklasse

Meine Realschulzeit begann in einer sog. Sonderklasse. Die Schülerinnen waren nach dem fünften Schuljahr von der Volksschule gewechselt. Sie bekamen die Gelegenheit, in gestrafften Unterrichtsplänen und unter intensiver Mitarbeit nach fünf Jahren die Mittlere Reife zu erlangen. Die Endbezeichnung unserer Klasse war im ersten Jahrgang „S", danach immer „c". Jeder wusste um die Besonderheit, und wir wurden teils kritisch beäugt oder als Streber abgestempelt. Diese „S"-Klasse war eine Möglichkeit, die Unbilden der Nachkriegszeit auszugleichen. Oft hatten wir aufgrund der Raumknappheit keinen festen Klassenraum und mussten uns für die kommenden Stunden einen suchen.

Betraten die Lehrer zum Unterricht die Klasse, standen wir auf, traten aus unserer Bank und grüßten im einstimmigen Chor: „Guten Morgen Frau/Herr/ …"

Der Unterricht bei unserer Klassenlehrerin Frau Schulte-Holtey, kath., begann in der ersten Stunde mit einem Morgengebet. Sie formulierte frei, gegliedert in Dank, Bitte und Fürbitte. Nachzuvollziehende Andeutungen für einzelne aus dem Klassenverband fehlten nicht.

Frau Schulte-Holtey war eine große stattliche Frau. Von uns bekam sie den Spitznamen „Böller". So nannten wir sie, wenn wir wütend waren, aber auch wenn wir liebevoll über sie redeten. Frau Schulte – Holtey war streng und ernst; bei Ausflügen lernten wir sie humorvoll und herzlich lachend kennen.

Frau Schulte-Holtey, am 31.12.1899 geboren, führte uns gerecht durch die gesamte Schulzeit. Besonders in Sachen Herzensbildung habe ich viel durch sie gelernt.

Wir standen bis zu ihrem Tod in Verbindung. Sie hat mich als Ehefrau und Mutter beobachtet. Ich machte sie mit meinem Mann bekannt und sie wusste von unseren vier Kindern. Ihr Interesse und ihre Fürsorge hörten nicht auf. Ich war und blieb ihre Schülerin.

Ordnungsdienste

Wir waren in unseren Klassenräumen für Sauberkeit und Ordnung verantwortlich. Am Schluss eines Schultages stellten wir die Stühle hoch und achteten darauf, dass nichts unter der Bank liegen blieb. Frau Schulte – Holtey wollte durch Topfblumen vor den Fenstern den Klassenraum verschönern. Es fanden sich immer Mitschülerinnen, die die Blumen gern versorgten. In den Sommerferien wurden sie mit nach Hause genommen.

Jeweils zwei Mädchen waren für den so genannten Tafeldienst zuständig. Nach einer Woche wurde gewechselt, und es kamen zwei andere Mitschülerinnen an die Reihe. Unaufgefordert wurde die Tafel gewischt.

Wöchentlich war eine Klasse dafür verantwortlich, nach der großen Pause auf dem Schulhof Papierreste und anderen Unrat aufzuheben. Hausmeister Knirr stand in der Tür und passte auf, dass ja kein Schnipselchen vergessen wurde. Nur fünf Minuten dauerten die Aktionen.

Auf dem Zwischenpodest im Hausflur stand zu aller Freude ein riesiges Aquarium, das von Zeit zu Zeit gesäubert werden musste. Dort gab es schon Warteschlagen, um mit dabei zu sein, wenn die Fische eingefangen wurden.

War das Wasser abgelassen, wurden die großen Glasflächen poliert. Jeder hatte eine andere Idee, auf Kies und Sand die schmückenden Bodenmaterialien auf zu stellen oder den Wasserpflanzen einen neuen Standort zu geben. Spannend wurde es beim Durchzählen der verschiedenen Fischarten, wenn sie zurück ins Aquarium kamen. Hatten alle den Ausflug in die Zinkwanne überlebt? Meistens ja.

Stenografie und Schreibmaschine

In Stenographie erlernten wir die Technik der Verkehrsschrift und der Eilschrift. Die Verkehrsschrift war die Grundlage, auf der man nach Übung 80 bis 100 Silben in der Minute zu schreiben schaffte. Die Lehrerin diktierte den Text, wir mussten die Hefte unter einander tauschen, so dass ein Fremder das Diktierte vorlas.

In der Eilschrift kamen weitere Kürzel und Zeichen hinzu, um die Geschwindigkeit zu steigern. Wer bis zu 160 Silben in der Minute und fehlerfrei den Text schrieb, bekam die Note „sehr gut" ins Zeugnis. Das Erlernen der Kurzschrift hat mir im späteren Leben bei Notizen sehr geholfen.

Für die Bewerbung um eine kaufmännische Lehrstelle war eine Voraussetzung, Stenografie und Maschine schreiben zu können. Wer in der Schule keine Gelegenheit dazu hatte wie wir, ging in einen Stenografenverein.

Nachmittags klapperten auf den oberen Fluren der Schule bei miserabler Beleuchtung die Tasten auf schwarzen Olympia-Schreibmaschinen.

Die Benutzung durch sehr viele Schülerinnen war nach einem ausgeklügelten System festgelegt. Seitenweise wurden „asdf", Leertaste, „jklö" im Zehnfingerblindsystem gehämmert. Mit Namen versehen mussten der Lehrerin die Zeiten als Nachweis und Kontrolle vorgezeigt werden.

Handarbeit
Dieses Fach hatten wir im Wechsel mit Hauswirtschaft und Gartenbau. Die freie Gestaltung einer Arbeit stand im Hintergrund. Es ging um Vermittlung lebenspraktischer Dinge. Spannend war das Nähen an einer Maschine mit Fußbetrieb. Wir trainierten den gleichmäßigen Schwung mit den Füßen, damit auf Übungsläppchen eine gerade Naht entstand. Verschiedene Nähte und deren Verwendungszweck lernten wir kennen, flickten Löcher in Betttüchern und Kopfkissenecken.

Vor jeder neuen Aufgabe machten wir Proben auf unserem Übungsläppchen, das zur Zeugniszensur herangezogen wurde. Kopfkissen mit Biesenverzierung und mit der Hand gesäumte Knopflöcher entstanden. Unsere Schwesternschürzen fürs Praktikum im Krankenhaus oder Kinderheim waren selbst genäht.

Als freie Handarbeit ist mir das Sticken in Erinnerung. Auf einem rot-weiß karierten Stoff sollte durch Kreuzstich in denselben Farben eine Bordüre entstehen. Aus dem Stoff nähten wir mit der Hand eine Schürze mit gekräuseltem Schoß und Bändern.

Ganz modern und in die Zukunft gerichtet fand die Lehrerin Hohlsaumstickereien an Sets und Tischdecken.

Werken und Kunsterziehung

Unser Werkraum im Keller der Schule war damals besser ausgestattet als die Werkräume in der jetzigen Zeit, falls es sie überhaupt noch gibt.

Es kann nicht nur am Engagement des Lehrkörpers gelegen haben, sondern es müssen Spenden von Eltern und Betrieben dazu beigetragen haben.

Ich erinnere mich an einen Jugendherbergsaufenthalt in Plettenberg. Wir besichtigten ein Werk, das Messing - und Kupferbleche in unterschiedlicher Dicke herstellte. Frau Schulte-Holtey, gab nicht eher Ruhe, bis lohnende Abfallstücke in den Bus wanderten. Aus dem Rohstoff wurden im Werkraum wunderschöne Schalen getrieben, Reliefs oder Emailarbeiten angefertigt.

Diese Arbeiten wurden nicht nur in den vorgeschriebenen Unterrichtsstunden erstellt. Wer wollte, konnte sich in seiner Freizeit im Werkraum betätigen.

Wir arbeiteten mit Stroh, Ton, Holz, Messing, Kupfer, Silber und Emaille.

Das Vertrauen in uns Schülerinnen war groß. Wir durften ohne Aufsicht die Räume nutzen. Zu bestimmten Zeiten war der Fachlehrer für Kunsterziehung, Herr Hohmeier, ein Künstlertyp, als Ansprechpartner anwesend. Er trug Cordhosen, legere Sakkos, einen Humphrey-Bogart-Trenchcoat und rauchte wie ein Schlot.

Neben dem Zeichnen- und Malunterricht legte er bei uns die Grundlagen für die Kunstgeschichte. Wir lernten die Stilepochen an Gebäuden und Gemälden.

Seine lässige Umgangsprache verleitete uns dazu, sein Schulfach nicht ernst zu nehmen. Eine verheerende Täuschung. Vernachlässigte Themen und unerledigte Aufgaben zogen eine „Übungs"-(Straf)arbeit nach sich. Wer nicht die vorgegebene Seitenzahl bei der „Rehabilitationsarbeit" erreichte, hatte eine schlechte Zensur auf dem Zeugnis.

Herr Hohmeier verließ mit uns die Schule. Es wurde gemunkelt, er habe an der UNI Köln einen Lehrauftrag.

Musikunterricht
Theo Strick war zu unserer Zeit der einzige Musiklehrer an der Schule. Wenn ich mich richtig erinnere, erhielten wir erst ab der achten Klasse Musik als Unterrichtsfach in der Aula im dritten Stock. Dort stand ein schwarzer Bechsteinflügel, hochglanzpoliert, und die weißen Tasten waren aus Elfenbein.

Heute weiß ich, welch großes Glück es für uns war, Anfang der fünfziger Jahre solch ein wunderbares Instrument kennen zu lernen. Wir begriffen die Marotten des Lehrers nicht, jung und unerfahren wie wir waren. Er wusste um den Wert, und wie der Flügel in die Aula gekommen war, die erst mit dem Ausbau des Dachgeschosses in Klassen und Mehrzweckräume entstanden war.

Sein Unterricht war geteilt in Harmonielehre und Singen. Beim Singen standen wir im Halbkreis um den Bechsteinflügel, aber bitte in einem Meter Abstand. Niemandem war es erlaubt, dem guten Stück nahe zu kommen. Schülerinnen, die Theo Strick sympathisch oder vertrauenswürdig hielt, durften für eine begrenzte Zeit den Dienst am Flügel übernehmen. Vor jeder Unterrichtsstunde war die Schutzdecke zurückzuschlagen und die Tastatur aufzudecken. Mit einem weichen Tuch wurden die eventuellen Fingerabdrücke weg gerieben. Am Ende der Stunde wurde der Flügel wieder eingepackt.

Herr Strick lebte die Musik. Er hörte jeden heraus, der nicht den richtigen Ton traf. Diese Mädchen durften sich hinsetzen und uns zuhören. Mit der Zeit sangen wir nach Noten. Deutliche Aussprache und ausdrucksstarkes Singen wurde geübt. Zum Beispiel: ein „D" hatte kein „T" zu sein, denn im Lied heißt es nicht, ter Mond ist aufgegangen. Wir lernten Lippen und Zungenstellungen beim Singen von Vokalen. Unwirsch konnte der Lehrer werden, wenn wir nicht zusammen begannen und aufhörten. „Wir sind hier nicht bei den Stotterern", so sein Ausspruch. Wir sangen Lieder zur Jahreszeit, aber auch Chorwerke und Kunstlieder. Die Texte lernten wir natürlich nebenbei auswendig. Die besten Stimmen lud Herr Strick in den Schulchor ein.

Zur Harmonielehre brauchten wir eine selbst gebastelte Pappklaviatur, auf der wir nachvollziehen konnten, wo einzelne Töne zu finden seien. Wir lernten, obwohl die meisten kein Instrument hatten, die Noten mit ihren Werten auf und zwischen den fünf Linien. Systematisch prägte sich ein, dass sich durch die Vorzeichen „#" und „b" Töne veränderten. Langsam begriffen wir zwischen Dur - und Moll – Tonleitern zu unterscheiden, ob sie melodisch, harmonisch oder chromatisch waren. Die Intervalle wurden uns geläufig.

Unser Gehör schulte sich beim Hören und Bestimmen von Dreiklängen. Wir mussten sie nach dem Anschlag auf dem Flügel erkennen und spontan deren Umkehrungen aufsagen oder summen.

Zeugniszensuren wurden nach den Leistungen in Harmonielehre und dem freien Vorsingen gegeben. Unmusikalische Mädchen hatten schlechte Karten.

Gemein fanden wir, wenn Herr Strick sie besonders lang vorsingen ließ und sich auch noch über sie lustig machte.

Wer aber spontan den Namen „ b-a-c-h" rein singen konnte, bekam ein „sehr gut."

Beim Nachmittagsunterricht hörten wir manchmal aus der Aula, wie offenbar eine angehende Sängerin Unterricht bekam. Es stellte sich heraus, es war die spätere „Operettenkönigin" Margit Schramm.

Irgendwann endete die Ära Theo Strick mit seiner Pensionierung.

Der neue Musiklehrer hieß Kuhnke und kam aus Berlin. Er war ein Lehrer der jungen Generation, die uns noch fremd war. Kuhnke sah unerhört gut aus.

Ein sportlich schlaksiger Typ, der mit brennender Zigarette öffentlich unterwegs war. Er habe den Tennissport wegen seiner Liebe zur Musik aufgegeben, ließ er verlauten. Sein Unterrichtsstil war lässig aber wir lernten viel, weil er auf dem gelegten Fundament Theo Stricks aufbauen konnte. In der Zensurengebung war er gerecht und streng.

Sofort wurde er von den älteren Schülerinnen umschwärmt. Die junge Ehefrau und das Baby waren kein Hindernis.

Der arme Bechsteinflügel aber wurde nicht mehr umhegt. Nackt und voller Fingerabdrücke stand er in der Aula, dass es uns Schülern Leid tat.

Erdkunde

Erdkunde wurde zunächst von Herrn Krüger, dann von der flotten Junglehrerin Fräulein Paschek als Frontalunterricht erteilt. Damals gab es noch keine Überschneidungen in dem Fach mit Wirtschafts- und Sozialwissenschaften.

Anhand von Wandkarten am Kartenständer bekamen wir ein räumliches Vorstellungsbild der Welt und lernten, uns geografisch zu orientieren. Wir wussten, wie Längen- und Breitengrade verliefen, wo welche Klimazonen anzutreffen sind und wie die Vegetation dort ist. Natürlich lernten wir die Erdteile mit Städten, Flüssen, Gebirgen und Landschaften kennen.

In einem Halbjahr fiel Lehrer Krüger wegen Krankheit aus. Es hieß lapidar von der Schulleitung, es ist Südamerika dran. In den geplanten Unterrichtsstunden bekommt ihr nach Möglichkeit eine Vertretung, ansonsten eine Aufsicht. Wir vertrauen euch, ihr werdet euch den Erdteil selbst erschließen.

Ich kann mich nicht erinnern, dass viele Unterrichtsstunden während der gesamten Schulzeit ausgefallen wären.

Wir bildeten Arbeitsgruppen, halfen uns mit Büchern aus häuslichen Beständen gegenseitig aus, die Lehrerbücherei wurde für uns geöffnet, ansonsten fanden wir auch gutes Material in den öffentlichen Bibliotheken. In den Vertretungen bekamen wir fachliche Hilfestellung.

Am Ende des Schuljahres war Herr Krüger über unseren Eifer und Fleiß überrascht. Unter seiner Aufsicht hielten wir Referate und brachten der Klassegemeinschaft Südamerika nahe, wobei der Fachlehrer nur gelegentlich erklärend eingriff.

Biologie

Bei unserem Biologielehrer lernten wir viel, obwohl es keine Bücher gab. Regelmäßig wurde der gelernte Stoff mündlich oder schriftlich abgefragt.

Am liebsten saß ich in der letzten Bank.

Der Lehrer war freundlich, manchmal zu freundlich zu uns. Zum Beispiel schob er unvermittelt zwei Finger in den Blusenspalt, drückte Haut auf Haut und sagte: „Ist das aber ein schöner Stoff." Nicht nur mir waren diese Berührungen unangenehm. Es wurde über ihn allerlei getratscht. Mitschülerinnen an höheren Klassen sollten ihm im Haushalt helfen. Die Bedeutung verstand ich nicht. Dann war er längere Zeit „krank", und irgendwann am Ende eines Schulhalbjahres bekamen wir eine junge Lehrerin.

Geschichte

Das Fundament für mein Politikinteresse legte der Lehrer im Geschichtsunterricht. Das Auswendiglernen von Geschichtszahlen, bis auf wenige markante, lehnte er ab.

Er vermittelte uns den Unterrichtsstoff in politischen Zusammenhängen.

Die ersten fünf Minuten des Unterrichts galten dem aktuellen politischen Geschehen. Wir waren gezwungen, die Nachrichten im Rundfunk zu hören. Er brachte uns nahe, dass es wichtig sei zu wissen, wie sich der Preis von einem Liter Milch und vom Brot entwickelte. Und vor allen Dingen warum.

Herr J. betrat die Klasse, und noch während der Begrüßung zog er sein Zensurenheft heraus. Willkürlich rief er zu Beginn des Unterrichts einen Namen auf. Die betreffende Schülerin trat aus der Bank heraus und musste aus ihrer Sicht aktuelle und wichtige Nachrichten vortragen, die vom Lehrer und uns ergänzt wurden.

Dann folgte der eigentliche Unterricht. Herr J. redete schnell und deutlich, entwickelte das Tafelbild zum Thema und endete pünktlich einige Minuten vor dem Schellen zur Pause. Eine Schülerin, es konnte jeden treffen, musste aufstehen und den neuen Unterrichtsstoff in ganzen Sätzen flüssig vortragen. Damit hatte er einen Überblick, ob wir mitgedacht und aufgepasst hatten. Gleichzeitig schulte er uns in freier Rede.

Herr J. verließ uns am Ende des Schuljahres und ging an die Deutsche Schule nach Belgrad. Frau Maria Wand wurde seine Nachfolgerin.

Jahresarbeit

In der zehnten Klasse mussten wir eine so genannte Jahresarbeit innerhalb eines Vierteljahres schreiben. Jeder befasste sich intensiv mit einem selbst gewählten Thema aus einem Unterrichtsfach. Mit Hilfe des Fachlehrers setzte er sich damit auseinander. Themen an die ich mich erinnern kann: Dortmunder Bier, größere Abhandlungen über Dichter in ihrer Zeit, Schweden als Urlaubsland, die letzten Tage eines vermissten Vaters usw. Ich hatte mir das Thema ausgesucht

„Was ich über die UNO erfahren habe". Meine Mentorin war unsere Geschichtslehrerin Frau Wand. Die UNO hatte 1955 gerade ihr zehnjähriges Bestehen gefeiert. Mich interessierte die Entstehung der UNO und deren Charta, die Hauptorgane, deren Wirksamkeit und wie die Bundesrepublik die Aufnahme in die Vereinten Nationen schaffen könnte.

Bevor ich die Jahresarbeit zensiert zurückbekam, wurde ich von fachfremden Lehrern auf das ungewöhnliche Thema angesprochen. Sie lobten die Arbeit. Frau Wand sprach mehrmals mit mir, sie sei sich der Zensur noch nicht sicher. Irgendwann bekam ich die Jahresarbeit ausgehändigt:

> Du hast mit großem Fleiß und geradezu mit Zähigkeit Dich in die schwierige Materie eingearbeitet und es verstanden, aus der Fülle des Materials das Faßbare herauszuholen und verständlich und geordnet darzustellen.
> Nur *das* war nach der Stellung des Themas das Ziel Deiner Arbeit, und in diesem Sinne ist sie auch bei der Feststellung, daß manches Wichtige fehlt, als *durchaus gelungen* zu bezeichnen. Auch die äußere Anlage (schlichter, sauberer Einband, sorgfältige Schrift, Bebilderung) ist zu loben.
> „GUT", den 3.II.1956, M. Wand

Meine heutige Betrachtung: Ich war 16 Jahre alt und musste das Niedergeschriebene erarbeiten. Der Text ist mit der Schreibmaschine geschrieben und weist auf 22 Seiten 4 orthografische Fehler auf. Die Symbole für die verschiedenen UNO Organisationen sind mit Bleistift gezeichnet. Den Einband habe ich persönlich in einer Buchbinderei hergestellt. Drei Fragezeichen sind ohne Bemerkungen an Textstellen angebracht. Ich kann mich nicht erinnern, dass Frau Wand mir irgendeine Erklärung dazu gegeben hätte, so wie ich nie erfahren habe was an Wichtigem fehlte. Die Note „gut" ist mit anderer Tinte geschrieben wie die Beurteilung. Für das Wörtchen „sehr" wäre genügend Platz gewesen.

Literatur

Ob es die Buchhändlerin war, die in unserem Haus wohnte und mir hin und wieder eine Lektüre schenkte, die Bücher meiner Eltern oder einfach nur Neugier war, mehr über Literatur zu erfahren als wir in der Deutschstunde lernten, weiß ich nicht. Zu Weihnachten wünschte ich mir Bücher: Märchen, Reiseberichte, kleine Erzählbände. Es wurde konkreter mit einem Atlas, Gedichtband „Aus deutschem Herzen" oder einer „Geschichte der deutschen Literatur".

Durch Mitschülerinnen erfuhr ich, dass man gegen Bezahlung von zehn DM monatlich an einem Literaturkreis teilnehmen konnte. Frau Müller, die in der Nähe der Schule wohnte, hielt diesen wöchentlich oder vierzehntägig ab. Das Betteln bei den Eltern hatte bald Erfolg. Ich versprach, neben werktags auch sonntags in unserer Trinkhalle ohne Murren und Knurren zu helfen. Das Gespräch zum Kennenlernen bei Frau Müller fiel günstig aus, und so gehörte ich die letzten eineinhalb Jahre meiner Realschulzeit zum Literaturkreis. Unsere Lerngruppe traf sich abends und war mit sechs oder sieben Teilnehmerinnen überschaubar.

Welche Vorbildung Frau Müller hatte oder welche Lebensumstände sie dazu brachte, diesen Kreis zu führen, weiß ich nicht. Bemerkungen konnte man entnehmen, dass sie mit einigen Kulturjournalisten bekannt war. Unsere Klassenlehrerin sah die Teilnahme am Literaturkurs offenbar kritisch. Es war die Art, wie sie die Frage stellte, die mich stutzig machte: „So, und du gehst jetzt auch zu Frau Müller?"

Das heutige Durchblättern der mit Tinte sauber geschriebenen mehr als hundert Seiten zeigt, dass Frau Müller versuchte, uns Literatur als „edles Handwerk" in ihren unterschiedlichsten Facetten näher zu bringen.

Voran stellte sie ihr Verständnis für diese Aufgabe: „ Zu schaffen einen Standpunkt, zu nehmen eine christliche Sicht, zu bekommen ein eigenes Urteil im chaotischen Durcheinander der Meinungen. Wir wollen Wesentliches im Geistesleben mitbahnen helfen und Werte geistiger, führender Bedeutung erarbeiten."

Wir lasen in verteilten Rollen aus Reclam-Heften, unterstrichen mit dem Lineal Zitate. Wir lernten die Biografie, das Werk und die Zeit der jeweiligen Dichter kennen. Lessing, Goethe, Schiller Hölderlin, Hebbel, Heine, Hauptmann, Droste-Hülshoff, Selma Lagerlöf oder Frieda Jung.

Darüber hinaus stellte Frau Müller für jede Kursstunde Quizfragen zusammen, mit denen wir uns zu beschäftigen hatten. Zum Beispiel: Wie hieß der letzte Nobelpreisträger für Literatur? Nenn mindestens drei Personen, an die wir in diesem Jahr besonders denken sollen? Nenne mir das Drama und die Oper, die zur Eröffnung des Burgtheaters und der Wiener Oper gespielt wurden, und wer hat sie geschrieben? Wer schrieb „Der Zauberberg" und „Buddenbrooks"?

Fremdworte schrieben wir mit Erklärungen auf.

Unsere Blätter wurden von Frau Müller kontrolliert.

WIR SPIELTEN GERN UND AUSGEPRÄGT ...

An der frischen Luft
Wir hatten nicht viel Spielzeug. Unser Einfallsreichtum reichte aus, dass wir selten Langeweile hatten. Mit Tricks und Bettelei versuchten wir uns von den gestellten Aufgaben der Eltern loszusagen. Gartenarbeit, Einkaufen, Schlange stehen und natürlich Hausaufgaben machen.

Gern waren wir auf dem großen Sportplatz in der Nähe unserer Straße. Dort konnten wir nach Herzenslust herumtoben, mit den Jungen aus der Nachbarschaft Fußball oder Völkerball spielen. Ein Junge hieß Lothar Emmerich und sollte später beim BVB 09 Aufsehen erregen. Aus Freude an der Bewegung rannten wir um den Sportplatz, wanden unsere Körper um Teppichstangen, schaukelten auf fremden Schaukeln.

Treffpunkt unserer Unternehmungen war meistens die Turnhalle.

Jeder brachte etwas anderes zum Spielen mit: Vom Holz- bis zum Tretroller, eine Fahrradfelge, die wir leicht mit einem Stock über weitere Strecken treiben konnten. Wir schnippten Pfennige gegen die Wand, drehten einen Kreisel, in dem wir ihn in eine Peitschenschnur wickelten. Wir spielten gemeinsam oder tauschten die Geräte aus.

Immer stand im Hinterkopf, auch die Kräfte zu messen. Außer einem normalen Kinderzank auf Zeit geschah nichts. Jeder von uns hatte wenig, aber zusammen reichten die Spiele bis in den Abend, dann erst ging jeder mit seinem Spielgerät nach Haus.

Gern machten wir Mädchen an den Böschungen Turnübungen. Handstand mit und ohne Überschlag, Handstand zur Brücke und zurück. Um eine gewisse Spannung bei den immer wieder kehrenden Übungen zu haben, zählten wir die

Sekunden, wer wie lange z. B. im Handstand aushalten könnte. Wir waren gelenkig und gut durchtrainiert.

Eine besondere Herausforderung war das Balancieren auf dem oberen Rohr der Bande, die das Spielfeld eingrenzte. Es gehörte Mut und Körperbeherrschung dazu, sich mit normalem Schuhwerk, im Sommer auch barfuss, über die runden Metallstangen vorwärts zu bewegen. Zunächst gingen wir an der Hand des anderen. Jeder half jedem. Wir gingen Feld um Feld, bis wir etliche Meter freihändig schafften. So lernten wir das Balancieren spielend und versuchten sogar wie die Hochseilartistin Camilla Mayer kleine Kunststücke einzufügen.

Mit Leidenschaft hinkelten wir, alleine oder in einer Gruppe. Wenn es irgendwo eine gerade Fläche gab, ritzten wir unsere Linien und Kästchen zum Himmel-und-Hölleschema.

Eine bunte Scherbe diente uns als Spielstein, der am besten nach dem Wurf nicht nachkullerte. Er wurde in die Felder von 1 bis 9 geworfen und durfte nicht die Linie berühren. Traf man das entsprechende Feld oder Kästchen, begannen wir auf einem Bein zu hinkeln. Wir hüpften die Kästchen entlang und holten den Stein, ohne die Linien zu berühren.

In „Himmel und Hölle" durfte man sich ausruhen, dann drehte man sich mit einem Sprung um die Achse und hinkelte zum Anfang zurück. Wer auf die Umrandung trat, den Stein vergaß oder ein Kästchen ausließ, musste aussetzen. Der nächste Spieler durfte hinkeln, und man musste von vorne beginnen, bis der Stein in allen Kästchen gelegen hatte.

Alleine ging das Spiel gut, aber der Kampf mit den Freundinnen, falls die Scherbe doch für einen Hauch auf der Linie war oder man mit der Fußspitze die Umrandung geringfügig berührte. Raus, man war einfach raus aus dem Spiel, auch wenn man sich schon fast als Sieger fühlte. Nirgendwo anders als beim Hinkeln zerbrachen Freundschaften ... für einige Stunden.

Konnten wir ein Stück gedrehte Wäscheleine ergattern, begannen wir mit dem Seilspringen, einzeln oder zu zweit. Das Seil wurde über den Köper geschwungen und musste im Doppelschritt oder Laufschritt bei jedem Schlag überwunden werden. Spannend war es, wenn jemand mit in das kreisende Seil sprang. Der gleiche Rhythmus musste gehalten und es durfte nicht aufs Seil getreten werden.

Manchmal knoteten wir alle vorhandenen Seile aus der Nachbarschaft zusammen und sprangen in großen Gruppen. Das war eine besondere Herausforderung. Die Schwinger des Seiles an den Enden mussten es kraftvoll und gleichmäßig drehen und die Gruppe lief bei jedem Schwung einzeln durch oder als Gruppe hinein, was hohe Konzentration erforderte. Ich höre noch das Klatschen des dicken Mittelknoten auf den Boden und das gleichmäßige Zählen aller Springer, um ja nicht aus der Reihe zu tanzen. Einer sprang hinein, und bei jedem Schwung erweiterte sich der Kreis bis alle im Seil waren, Kinder und Erwachsene. Es endete mit großem Gejohle, wenn ein neuer Sprungrekord aufgestellt war.

Fangen spielten wir mehr aus Verlegenheit, es war nichts Halbes und nichts Ganzes. Meist wurde daraus ein Versteckspiel. Ich kenne noch den Vers, der zu Beginn an einem Baum oder einer Mauer- von einem Kind mit verschlossenen Augen laut gesprochen wurde: „ Eins, zwei, drei, vier Eckstein, alles muss versteckt sein. Hinter mir und vorder mir gilt es nicht, eins, zwei, ich komme jetzt". In der Zwischenzeit verschwanden die anderen Kinder in ihrem Versteck und bemühten sich unbemerkt ans Mal zu gelangen, um sich „frei" zu schlagen. Fand der „Sucher" ein Kind, durfte er am Mal rufen, ich sehe Marlies usw. Waren alle Kinder gefunden oder hatten sich frei geschlagen, begann eine neue Runde.

Die große Holzturnhalle, die unsere Straße wie einen Riegel zum Sportplatz hin abschloss, gab Gelegenheit für allerlei

Spiele. An den Stirnseiten gab es die passende Erde zum Murmelspielen. Mit dem Schuhabsatz drehten wir eine Vertiefung in den Boden. Jeder von uns Spielern warf ca. drei Steingutknicker Richtung Loch. Wer einen Knicker ins Loch getroffen hatte oder wessen Knicker ihm am nächsten lag, durfte beginnen, die noch außen liegenden einzulochen. Gewonnen hatte derjenige, der zuerst fertig war.

Die Wände der Turnhalle dienten uns als Spielfläche zum Doppelballspielen. Erst das Zusammenspiel machte die Technik möglich. Wir erfanden „Zehner-Proben". Probe gleich Durchlauf.

Jeder Durchlauf hatte eine andere Bedeutung. 1. zehnmal mit den Bällen gegen die Wand werfen und auffangen, 2. neunmal die Bälle werfen und zwischen jedem Wurf einmal in die Hände klatschen, 3. achtmal einen Ball werfen und den anderen mit der Armbeuge gegen die Wand schlagen, Kellerlöchsen, Ärmchen, Umdrehen, usw. waren andere Übungen, die uns einen ganzen Nachmittag ausfüllen konnten.

Gern versteckten wir uns hinter Gebüsch und beobachteten die Hasen, die im Fundament der Turnhalle lebten. Die Luftlöcher waren die Ein- und Ausgänge. Solch einen Hasen einmal zu fangen wäre ein großes Glück. Über die weitere Verwendung wurde geschwiegen. Manch Vieh quälte sich mit seinem voll gefressenem Wanst auf dem Weg zurück durch das Loch. Geschickt, wäre es ein leichtes gewesen, ihn zu schnappen.

Interessant wurde es, wenn sich abends die Größeren einfanden. Erst stand man herum, redete miteinander, bis jemandem eine zündende Idee kam.

Beliebt waren Singspiele. Die Gruppe hält sich zum Beispiel an den Händen und geht auf eine Wand zu und wieder zurück und singt: „Wo scheint denn der Mond und wo geht er auf, er scheint alle Tage über ... *Brinkmanns Haus ...*, darinnen wohnt ein Mädchen, das ... *Emmi* ... wird genannt, sie hatte sich verlobt mit dem ... *Arno* ... an der Hand. Beim Aufruf der Namen mussten die Betreffenden unter Gejohle der anderen vortreten. Das Spiel dehnte sich beliebig aus.

Irgendwann während des Sommers wurde in der Nachbarschaft immer ein Kinderschützenfest vorbereitet und gefeiert. Einer hatte die Idee, und alle trugen zum Gelingen bei. Was benötigte man: Einen Leiterwagen, der mit Ästen und Blumen geschmückt wurde, ein passendes Brett als Sitzgelegenheit für das Königspaar auf dem Wagen, Spiele wie Eierlaufen oder Sackhüpfen, eine Bewirtung und Bonbons.

Das wichtigste war das Königspaar. Mädchen ließen sich eher finden, aber die Jungen als König zierten sich sehr.

Dem Mädchen zog man für den Umzug ein feines Kleid an. Am schönsten war ein altes Braut - oder Brautjungfernkleid. Am wirkungsvollsten war es, wenn es viel zu groß und zu lang war. Auf jeden Fall musste sich hinten eine Schleppe ergeben. In die ordentlich frisierten Haare wurde das Stück Stoff einer alten Gardine oder ein echter Brautschleier festgesteckt oder mit Blumen eingeflochten. Der Junge musste für den Umzug schwarze Klamotten anziehen. Er bekam einen ausgepolsterten Zylinder aufgesetzt, der aber nie richtig halten wollte. Geistesgegenwärtig nahm er ihn dann in die Hand und grüßte die umherstehenden Nachbarn, das „Volk", untertänigst. Wir, der Hofstaat, durften uns dem Anlass entsprechend schön machen und bekamen Kränze aus Blumen oder Krepppapier vom letzten Kindergartenfest ins Haar gedrückt. Zum Umzug durch die Nachbarschaft stellten wir uns in Zweierreihen hinter dem „Schützenkönigswagen" auf. Die Hauptpersonen thronten auf ihrem Brett. Abwechselnd mussten zwei des Hofstaates ein Stück den Leiterwagen ziehen. Alle schmetterten aus vollem Hals: „Wir feiern heute Schützenfest, Schützenfest, Schützenfest. Wir feiern heute Schützenfest, Schüüüüützenfeeest!"

Unter lautem Gesang des immer wiederkehrenden Verses ging es stolz durch die Nachbarschaft. Auf irgendeinem Hof oder an einer Ecke waren von Eltern Tische und Stühle bereit gestellt. Obstsaft und Kuchen, gestiftet von der Nachbarschaft, wartete auf die „feine Gesellschaft", die sich aber schnell in ganz normale Kinder verwandelte.

Eltern regten Spiele an und beaufsichtigten sie: Eierlaufen, Blindekuh, Sackhüpfen, Liederkönig, stille Post usw.

Im Herbst dürfte es kein Stück Tapetenleiste, Packpapier und Schnüre irgendwo im Haus gegeben haben, denn wir brauchten die Materialien zum Bau der Windvögel. Zwei gekreuzte Tapetenleisten oder sonstige Stöcke wurden mit einem strammen Faden umspannt und mit Papier belegt. Damit es lustiger aussah, bekam der Windvogel an den Seiten (Ohren) fransiges Krepppapier und einen möglichst langen Schwanz aus Papierbüscheln. Eine geeignete Schnur war das wichtigste. Fest musste sie sein und möglichst lang, aufgewickelt auf einem Brett.

Da nicht jeder gleichzeitig über so hochwertige Dinge verfügte, entstanden die Windvögel meistens in Gemeinschaftsarbeit unter Mithilfe älterer Geschwister oder Väter. War solch ein Fluggerät fertig, wartete man auf geeigneten Wind, um die Tauglichkeit zu prüfen.

Das ging so: Einer nahm den Vogel in die hoch gestreckte Hand und lief, bis er merkte, dass der Vogel den richtigen Wind bekam. Beim Loslassen machte dieser entweder einen Tiefflug mit Bruchlandung, oder er stieg auf. Jetzt musste der andere mit der Haspel oder der Rolle in der Hand das Garn gleichmäßig ablassen, um ein stetiges Aufsteigen des Windvogels zu garantieren. War er einmal oben, und der Wind stand gut, wurde man von allen bewundert. Jeder wollte ihn einmal halten. Die Vögel standen bis in die Dunkelheit am Himmel. Schlimm wurde es, wenn andere nahe Windvögel sich auf einmal in die Kurve legten und im Garn des anderen verhedderten. Wenn aber die Schnur riss ..., Laufen ..., Retten ..., Tränen ...

Im Winter

In den Jahren fiel mehr Schnee als heute. Es gab genügend Gelegenheiten sich auszutoben. Schneeballschlachten direkt nach Schulschluss, manchmal Klasse gegen Klasse oder Mädchen gegen Jungen, ließen uns mit roten Backen, aber nassen Füßen nach Hause kommen. Da ich nur ein Paar feste Schuhe besaß, wurden sie mit Papier ausgestopft und in den Backofen des Kohleherdes zum Trocknen gestellt.

Mit einer Schicht Schmalz oder anderem Fett eingerieben, waren sie für das Schlittenfahren am Nachmittag gut vorbereitet. Zum Glück hatte ich eine alte blaue Trainingspluderhose, so brauchte ich mich beim Spielen nicht so in Acht nehmen.

Unsere Kleidung als Mädchen war ungünstig. Es gab selten lange, warme Hosen. Wir trugen Röcke. Zwischen Unterhemd und Hemd trugen wir Leibchen, an denen Strumpfhalter zur Befestigung der langen Strümpfe baumelten. Wir sahen damals aus wie „Pippi Langstrumpf". Eine Handbreit Bein war stets unbedeckt und allen Unbilden ausgesetzt.

Mit dem Schlitten sitzend oder bäuchlings die Böschung hinunter zu jagen, war ein großer Spaß. Ein richtiger Schwung ließ die Kufen lange auslaufen. Bei guten Verhältnissen dehnte sich die Rodelbahn über die Straße hinweg in den angrenzenden Gartenweg aus. Einer stand Schmiere und musste die Auto- und Schlittenfahrer vor einander warnen.

Die größeren Jungen bewiesen Mut. Sie banden zwei, manchmal drei Schlitten aneinander und verlängerten mit jeder Fahrt die Bahn. Nur gut lenken mussten sie können.

Wurde die Rodelbahn stumpf, schlinderten die Kinder, die

ihre Füße mit gestrickten Wollsocken in Holzschuhen stekken hatten, sie wieder blank und glatt.

Zu der Zeit gab es noch wenige Autos, denn wir fuhren die überquerte Straße spiegelglatt. Die Anlieger ließen uns abends den Spaß, streuten aber morgens mit der aus den Öfen genommenen Asche die Rodelbahn ab.

Einige Kinder besaßen Schlittschuhe. Sie suchten sich gefrorene Wasserlachen oder fuhren halsbrecherisch die eisige Rodelbahn hinunter.

Eigentlich hätte man beim Einbruch der Dunkelheit ins Haus gemusst, aber die Eltern drückten an solchen Tagen ein Auge zu. Ausgekühlt, aber glücklich fiel man müde in die Federn, die Mutter am Ofen vorgewärmt hatte.

Bei schlechtem Wetter allein oder mit Freunden im Haus ...

Wir fanden immer etwas. Wenn es nur eine ausreichend lange Schnur war, die sich zum Abnehmspiel eignete, waren die nächsten Stunden gesichert.

Knifflig war das Erlernen von Mühle und Dame. Auf einem starken Karton war auf der einen Seite ein Schachbrettmuster für das Damespiel und auf der anderen Seite die Linien für das Mühlespiel aufgemalt. Als Spielsteine benutzten wir von einem Besenstil abgesägte runde Scheiben. Zunächst brauchten wir eine mündliche Erklärung, weil es keine Anleitung gab. Schritt für Schritt tasteten wir uns vor, und nach einiger Zeit gelang es uns, Erwachsene zu schlagen. Ob das alles mit rechten Dingen zuging, möchte ich heute bezweifeln.

Wenn wir umgekippte Stühle zu einer Burg zusammenstellen und mit einer Decke verhängen durften, „wohnten" wir mit unseren Puppen dort einen langen Nachmittag. Am besten ging das Spielen im Haus zu zweit, kam ein Dritter hinzu, kam es unweigerlich zu Streitereien. Warum das geschah, ist mir ein Rätsel, aber es war so.

War ein Puppenkaufladen oder ein Puppenhaus (Puppenstube) bei den Freunden vorhanden, konnte der Tag nicht lang genug sein. Meistens waren es Spielzeuge von älteren Geschwistern oder gar von den Eltern, die den Krieg gut überstanden hatten. In den Puppeneinzelhandelsgeschäften waren die Waren in Miniatur getreu nachgebildet. Wir standen in der Schlange und äfften Eigenarten der Erwachsenen nach, wie wir sie erlebt hatten. Natürlich kauften wir mit Spielgeld ein.

Umbuhlt wurde ein Mädchen, das um die Weihnachtszeit ein altes Puppenhaus zum Spielen hatte. Jedes Jahr befand es sich unter dem Weihnachtsbaum. Nach den Festtagen wurde es verpackt und auf dem Boden verwahrt. Es war kunstvoll aus Holz gearbeitet, hatte vier eingerichtete Zimmer: Wohn-, Schlaf- Kinderzimmer und Küche. An den Wänden klebten Blümchentapeten, an den Fenstern hingen gehäkelte Gardinen, und im Wohnzimmer lag ein Teppich unter dem ovalen Tisch. Püppchen lebten zwischen kleinen Möbelstücken aus Holz.

In der Küche stand ein Herd, an dem man die Klappe zur Feuerung auf und zu machen konnte. Auf ihm Töpfe, aber nicht zum Kochen. Den Tisch konnten wir mit Geschirr decken. Ein großes Vergnügen, wenn auch nur für kurze Zeit, an das ich mich gern erinnere.

Wenn ich allein war, beschäftigte ich mich am liebsten mit dem Blechspielzeug meiner großen Schwester. Sie war sehr pingelig und prüfte von Zeit zu Zeit nach, ob die Dinge keinen Schaden genommen hatten.

In einer Badewanne, in die man Wasser einfüllen und ablaufen lassen konnte, badete ich meine Puppe wieder und wieder, bis meine Finger schrumpelig wurden.

Dann war da noch ein Telefon mit Drehscheibe. Etwas ganz besonderes, denn wer hatte ein Telefon zu Hause? Man ging nur, wenn es unbedingt erforderlich war, in die nächste Telefonzelle, um jemanden zu erreichen.

Ich kann mich noch erinnern, dass es bei mir nur lange Telefonnummern gab, denn das Wählen brachte nach jeder Zahl einen hohen Ton hervor. Oft gingen die Erwachsenen auf mein Spiel ein, und wir erfanden gemeinsam lustige Gespräche mit Verwandten.

Und dann war da noch der Herd mit Topf. Ich durfte richtig Reis kochen, der manchmal überlief, anbrannte und fürchterlich stank. Wie man mir Feuer in den Herd gemacht hat, weiß ich nicht mehr.

Durch dieses Nachspielen der Erwachsenenwelt fühlte ich mich schon fast dazu gehörig.

Eines Tages stellten die Eltern die drei Dinge auf den Küchentisch und fragten, ob ich nicht schon zu alt für solches Spielen sei. Ich wusste nicht, was ich antworten sollte. Vater erklärte mir, er wolle sie gern zum Hamstern mit ins Hessenland nehmen. Die Bauern, so hoffe er, würden ihm dafür guten Speck, vielleicht Butter und Wurst geben.

Mein Einwand, die Spielsachen gehörten doch Erika, meiner Schwester, ich hätte sie nur geliehen, wurde in der Weise entkräftet, dass meine Schwester schon zugesagt habe. Was sollte ich nur antworten? Wenn ich an die damalige Situation denke, kommt der alte Schmerz in mir auf. Ganz verständig, ich war ja schon „groß", stimmte ich kleinlaut zu.

Am nächsten Morgen war Vater schon weg. Vier Tage sollte die Hamsterfahrt dauern, aber er kam nicht zurück. Viele Male schickte mich Mutter zur Hauptstraße, um ihm entgegen zu gehen.

Wir alle sorgten uns. Hoffentlich war nichts geschehen! Die Männer aus der Nachbarschaft waren schon lange wieder daheim. Das Hamstergut jedes einzelnen blieb ein Geheimnis.

Nachmittags stand ich vor dem Haus, um wieder nach Vater Ausschau zu halten. Die Nachbarin fragte, warum ich so traurig sei. Da platzte all mein Kummer, die Angst um Vater und das Hamstergut aus mir heraus. Sie ging ins Haus und kam nach kurzer Zeit mit einem frischen Knäppchen Brot dick mit Butter bestrichen zurück und sagte tröstend: Iss erst einmal, dein Vater kommt bestimmt bald wieder. Kein Knäppchen der Welt kommt im Geschmack an das der Nachbarin heran.

Vater kam zwei Tage später völlig erschöpft zurück. Man hatte ihm auf einer Kontrolle all das leckere Hamstergut abgenommen und ihn, weil er sich nicht ausweisen konnte, für einige Zeit festgesetzt.

Im Kindergarten

Einige Zeit ging ich in den Werkskindergarten an der „Sengsbank". Der Weg dorthin dauerte knappe zehn Minuten. Die stark befahrene Wittener Straße musste überquert werden. Kam ich um die letzte Straßenecke, hatte ich die Bauten der Kokerei wie ein Ungetüm im Blick. Glut, die aus den geöffneten Kammern der Batterie in Güterwagen floss, machte Angst. Es dampfte, stampfte und zischte und stank.

Im Kindergarten fühlte ich mich geborgen. Bis zum gemeinsamen Frühstück spielten wir was wir wollten.

Wenn die heiße Milch ausgeteilt wurde, saß jeder an seinem Platz und aß sein von zu Hause mitgebrachtes Butterbrot. Das Pergamentpapier wurde wieder glatt gestrichen und kam in die kleine lederne Umhängetasche zurück. Es musste die Woche über reichen.

Hatte ein Kind Geburtstag, war sein Platz geschmückt, und es brannte eine Kerze. Einem Mädchen wurde ein aus Kreppapier geflochtenes Kränzchen mit bunten Bändern aufgesetzt. Ein Junge bekam einen aus Packpapier gefalteten Helm mit bunten Bändern. Die Bänder waren wichtig. Die Geburtstagskinder durften sich ein Lied wünschen.

Nach dem Frühstück arbeiteten wir spielend mit Papier und Schere, Knete, schnürten Perlen zu Ketten, malten oder klebten bunte Papierschnipsel zu Phantasiebildern. Mit einem großen Stuhlkreis, in dem wir alle gemeinsam sangen, stille Post spielten, Dinge oder Berufe errieten oder eine Geschichte vorgelesen bekamen, endete der Vormittag. Bei gutem Wetter tobten wir auf dem Spielplatz hinter dem Haus oder bauten Städte im Sandkasten und buken Kuchen.

Wer wollte, konnte nachmittags zur „Bastelstunde" in den Kindergarten gehen. Schulkindern wurde ein besonderes Angebot gemacht. Sie lernten mit Ton oder anderen Materialien zu arbeiten, bemalten Holzschachteln oder spielten Theater. Ich habe damals Noten und Flötespielen gelernt.

Ganz nebenbei achteten die Kindergartentanten darauf, ob ihre Schützlinge sauber gewaschen in den Kindergarten kamen, keine Läuse hatten und nicht an den Fingernägeln kauten.

Rangeleien wurden sofort wortreich beendet, und trotzdem kam es hin und wieder zu Kloppereien unter den bekannten Streithähnen.

Wer dabei erwischt wurde oder „schlimme" Wörter sagte, musste für einige Zeit in der Ecke stehen und wurde vom Schlusskreis ausgeschlossen, es sei denn, er entschuldigte sich vorher.

Wenn ein Kind im Spiel oder auch mutwillig etwas kaputt machte, musste es sich selbst melden und die Konsequenzen dafür tragen. Petzen gab es nicht und wurde überhört.

EINKAUFEN IM MANGEL

Beim Zusammentragen der Erinnerungen und Notizen zum „Einkaufen im Mangel" stellte ich fest, dass damals ein sehr differenziertes und individuelles Angebot an Geschäften im Ortsteil Dortmund-Oberdorstfeld vorhanden war. In jeweils längstens 20 Minuten Fußweg war jeder Punkt gut zu erreichen.

Nach der Währungsreform entstanden kleine „Wohnzimmergeschäfte", in denen meistens der Ladenbesitzer selbst oder ein Familienmitglied bediente, als Nebenerwerb. Artikel des täglichen Bedarfs konnte man um die Ecke kaufen.

Eine Sensation war der erste Selbstbedienungsladen an der Wittener Straße. Warum „Noleg" sich damals nur kurz hielt, kann ich nicht nachvollziehen. Heute ist im beschriebenen Ortsteil bei gewachsener Bevölkerungszahl nur ein großer, moderner Lebensmittelladen, der für Ältere oder Bewegungseingeschränkte nur mit Mühe zu erreichen ist.

Die Geschäfte waren damals keine Gemischtwarenläden, sondern sehr speziell: Man kaufte Milch beim Milchbauern, Reinigungsartikel im Seifengeschäft, Brot und Gebäck – falls es so etwas überhaupt gab – beim Bäcker, andere Lebensmittel unabgepackt im Kolonialwarengeschäft. Wir konnten in einem Kasten Knöpfe wühlen, einzelne Zigarren riechen und kaufen.

Mit Obst und Gemüse waren wir fast Selbstversorger. Im Stall gab es Hühner und später schafften die Eltern ein Schaf an wegen der fetten Milch und der begehrten Wolle. Nach der Schafzeit wurde jährlich ein Schwein schlachtreif mit Abfällen, Grünfutter und Sauerrahm aus der Molkerei gefüttert.

Grundsätzlich bestand ein Lebensmittelmangel. Dieser „Mangel" wurde durch Lebensmittelkarten und Bezugsscheine geregelt.

Dazu fand ich im Internet folgendes:

„Eine Lebensmittelmarke ist ein vom Staat ausgegebenes Dokument zur Bescheinigung, damit der Besitzer ein bestimmtes Lebensmittel in einer bestimmten Menge erhalten darf."
Vier Tage vor Beginn des Zweiten Weltkrieges wurden in Deutschland am 28. August 1939 Lebensmittelmarken und Beziehungsscheine für Benzin ausgegeben. Wenig später folgte die Reichskleidermarke.

Während der Güterknappheit im Krieg und noch Jahre darüber hinaus sollte dieses System Anwendung finden. Lebensmittelmarken berechtigten zum Empfang von Waren, soweit sie zur Verfügung standen. Sie stellten also keine Garantie dar.

Nach dem Ende des Zweiten Weltkrieges gaben die Alliierten Besatzungsmächte ab Mai 1945 in ihren Sektoren neue Lebensmittelkarten aus, die entsprechend der Schwere der Arbeit in Verbrauchergruppen (Kategorien) von I bis V eingestuft wurden. Die dafür ausgegebenen Rationen an Brot, Fleisch, Fett, Zucker, Kartoffeln, Salz, Bohnenkaffee, Kaffee-Ersatz und echtem Tee wurden entsprechend den Möglichkeiten festgelegt. Die käufliche Ware in der nächsten Woche wurde durch öffentliche Aushänge an den Wochenenden „aufgerufen". Schwerkranke, die einen höheren Kalorienbedarf hatten, bekamen auf ärztliche Anweisung eine „Schwerarbeiterzulage", die nur schwer arbeitenden Menschen zustand. In den Jahren 1948 und 1949 wurden die Mengen der Waren schrittweise erhöht.

Man erhielt rationierte Lebensmittel in den Geschäften und Gaststätten nur, wenn die entsprechenden Lebensmittelkartenabschnitte, die Marken, abgegeben und zusätzlich natürlich die vom Händler geforderte Summe bezahlt wurde. Die Marken waren nach einzelnen Lebensmitteln aufgeteilt; mit Brotmarken konnte man nur Brot erwerben, aber mit Fleischmarken auch Fisch. Oft wurde mit Lebensmittelmarken auf dem Schwarzmarkt Tauschhandel betrieben.

Gaststätten gaben auf der Speisekarte an, wie viele Marken welcher Art für das jeweilige Gericht vom Gast abzugeben waren.

In der Bundesrepublik Deutschland wurden die Lebensmittelkarten 1950 in zwei Etappen abgeschafft. Am 22. Januar wurde die Aufhebung der Rationierung, mit Ausnahme von Zucker, zum 1. März bekannt gegeben. Am 31. März beschloss das Bundeskabinett unter Kanzler Konrad Adenauer die Aufhebung aller noch verbliebenen Einschränkungen zum 1. Mai 1950. Damit entfielen im Bundesgebiet die Lebensmittelkarten und -marken.

Im Vergleich zu heute waren wir Kinder immer beschäftigt. Neben dem Spielen mit einfachsten Mitteln wurden wir zu Hilfen im Haus und Garten aufgefordert.

Eine Zeit raubende Aufgabe war das „Schlange stehen" für die rationierten Lebensmittel. Wir mussten gut auf die Lebensmittelmarken, den Preis und das Rückgeld aufpassen. Hier einige Beispiele:

Milch

Milch gab es beim Milchbauern Torsbecken. Das Geschäft lag an der stark befahrenen Wittener Straße, die zu überqueren war. Manchmal rollten unaufhörlich Militärfahrzeuge, darunter Panzer, über das Kopfsteinpflaster. Auch wenn die Soldaten freundlich winkten, drückte ich mich lieber an die nächste Hauswand, bis der Spuk vorbei war.

Die Milch wurde aus einer großen Zinkkanne mit einem Litermaß in die mitgebrachte kleinere Aluminium- oder Emailkanne gefüllt. Die Kanne musste bei großer Menge vorsichtig und gerade gehalten werden, damit auf dem Weg nach Hause kein Tropfen verplempert würde. Und doch: ein kleiner Schluck der frischen, kalten Milch als Hohlerlohn musste sein. Noch heute trinke ich gern frische kalte Milch aus einem großen Gefäß, und wenn es nur ein Schlückchen ist.

Manchmal sah ich den Milchbauern mit seinem dreiräderigen Lieferwagen durch entlegenere Straßen rumpeln. Mit heiserer Hupe kündigte er sich an.

Später gab es bei Torsbecken sonntags nachmittags frisch geschlagene Sahne, die in mitgebrachte Porzellan- oder Kristallschüsseln abgewogen wurde.

Brot

Wie ein Lauffeuer ging die Nachricht durch die Siedlung, es sollte bei Bäcker Loose oder Königskamp Brot ohne Lebensmittelkarten zu kaufen geben. Sofort stürmten wir Kinder los, einen günstigen Platz vorn in der Warteschlange zu ergattern. „Bring Hefe mit", war der zusätzliche Auftrag.

Es geschah nicht selten, dass gerade der Vordermann das letzte Brot bekam und die anderen mit hängendem Kopf, manchmal auch fluchend, mit knurrendem Magen nach Hause gingen. Sollte ich aber eines dieser herrlich frischen, duftenden Kasslerbrote in Händen halten, spielte ich Mäuschen und knabberte die Ecken an. Etwas Köstlicheres gab es nicht.

Manchmal brachten wir Kinder der dünnen Lehrerin, Fräulein Lindenborn, einige Scheiben Brot mit in die Schule. Sie hielt das lange Schlangestehen nicht aus. Einmal stand sie vor mir in der Reihe. Plötzlich drehte sie sich um, sprach mich an, verdrehte die Augen und schlug lang hin.

Grüne Heringe

Es solle im Fischgeschäft Richwin genügend grüne Heringe geben, hieß es. Mutter schickte mich los. Als Kind seinen Platz in der Schlange zu behaupten, lernte man, auch wenn die Erwachsenen uns plump und rücksichtslos ans Ende drängen wollten. Nach zwei Stunden Warten kam ich nicht mit der gewünschten Anzahl grüner Heringe, aber immerhin mit zehn in Zeitungspapier gewickelten Fischen nach Hause. Ausgenommen, geschrubbt und in Mehl gewälzt, briet Mutter sie in einer Pfanne mit Öl, bevor sie in eine Marinade eingelegt wurden.

Der Gestank vom Öl löste bei mir damals und heute einen Brechreiz aus. Die Flucht zur Freundin war eine willkommene Lösung.

Abends ging Mutter meinem ständigen Kopfjucken auf den Grund. Läuse dicht bei dicht! Eine Zugabe vom Heringsschlangestehen. Mit einem Staubkamm wurden meine bis zum Po reichenden Haare Strähne für Strähne sorgfältig auf Nissen abgesucht. Diese zerquetschte Mutter mit den Fingernägeln. Einige Tage danach musste die quälende Behandlung wiederholt werden.

In der Klasse saß ich am Läusepult. Das war das Schlimmste überhaupt, alle wussten nun, was mit mir los war. Dabei hätte es doch jeden treffen können.

Seife und mehr

Einmal im Monat begleitete ich Vater oder Mutter in ein etwas entfernter gelegenes Seifengeschäft. Dort deckten wir uns mit Wasch- und Scheuermitteln, Kern- und Feinseife, Zahnpasta, Schuhcreme, Niveacreme und Binden ein. Über deren Verwendung wurde ich erst bei notwendiger Benutzung aufgeklärt.

In jedem Laden roch es anders. Die unterschiedlichen Düfte haben sich eingeprägt. Noch heute weiß ich, in welchem Regal bei Stohlmann Persil stand.

Dieses Seifengeschäft Stohlmann lag auf halbem Weg zum Arzt, Friedhof der Eltern meines Vaters und dem Friseursalon eines nahen Verwandten. Manchmal wurde ich bei Stohlmann für einen Zeitraum (für mich Stunden) in Obhut belassen. Warum, konnte ich nicht ergründen. Uns Kindern wurde nicht alles auf die Nase gebunden.

Die Wartezeit verkürzte ich mir dadurch, dass ich Fächer auswischen und neu „dekorieren", Zahlenreihen zusammenzählen und für Kundschaft die gewünschten Artikel herbei tragen durfte. Durch Lob als vollwertige Hilfskraft fühlte ich mich gestärkt. Manchmal waren diese Lobhudeleien zu dick aufgetragen, aber ich ließ mir nichts anmerken. Bestimmt war ich Herrn Stohlmann und seiner Cousine auch lästig. Immer wollte ich alles genau wissen. Die beiden verloren aber nie die Geduld.

Der Mangel an Waschmitteln im Zweiten Weltkrieg musste meine Mutter, die als Putzteufel in der Verwandtschaft verschrien war, sehr belastet haben. Beim Ausbruch des Koreakrieges 1950 durfte, nein, musste ich die Schule schwänzen, um einen größeren Vorrat an Persil, Soda, Imi und Seifen bei Stohlmann einzukaufen.

Fleisch
Der Gang zum Metzger Köster war der schlimmste Einkauf. „Pass auf die Waage auf, lass dich nicht betuppen, kein minderwertiges Fleisch, dass ja nicht zu viel Marken abgeschnitten werden …" Als wenn ich als Kind eine Ahnung von Fleischstücken gehabt hätte, aber man traute oder mutete es einem zu.

Immer gab es einen Kampf mit den Erwachsenen in der Warteschlange und mit den Verkäuferinnen wegen des Stückchen Fleisches und der Knochenzugabe. Zu Hause dann die Diskussion, wenn etwas falsch war: „Hättest besser aufpassen müssen!" Manchmal war ich so wütend, dass ich bei mir dachte, geht demnächst selbst. An einem Tag hätte nicht viel gefehlt, und ich hätte Mutter das Fleisch vor die Füße geworfen. Dieser Kampf um ein ordentliches Stück Fleisch hatte sich bei mir eingeprägt.

Die Versorgungslage wurde besser, und es gab keine Lebensmittelmarken mehr. Fleisch konnte man nach Belieben kaufen. Bei einem dieser Einkäufe bediente mich die Verkäuferin von damals. Als sie meinen Wunsch erfuhr, knallte sie ein Stück Fleisch auf die Bizerba-Waage und fragte: Darf es etwas mehr sein? Nein, antwortete ich mit fester Stimme, schneiden Sie bitte alles genau auf Gramm und geben Sie die Reste wie früher den bekannten Kunden unter der Ladentheke.
 Dieser Vorfall hatte sich schnell bis zu den Eltern herum gesprochen. Wir kauften fortan bei einem neuen Metzger ein. Herr Kruttwig war ein Vertriebener aus Schlesien, der den Mut hatte, sich selbstständig zu machen.
 Übrigens habe ich oft darüber nachgedacht, ob die Form der Bizerba-Waage Vorbild für die späteren Parkuhren war.

Bier
An einigen Tagen im Jahr hatte Vater offenbar Appetit auf Bier. In eine Gaststätte ging er nicht. Das Bier wurde nach Hause geholt. Hatten wir für Milch eine weiße Emailkanne, so gab es für das Bier eine rotbraune. Ich wurde zum Schalter oder „Kläppchen" der „Bergschänke" geschickt, einen Liter Bier zu kaufen. Die Mahnung für den Weg, ja die Kanne wegen der Schaumbildung nicht über dem Kopf kreisen zu lassen. Meistens ging alles gut. An der Hausecke benetzte ich zur Belohnung meine Lippen mit Bierschaum, und manchmal rutschte ein kleiner Schluck versehentlich durch den Hals.
 Die „Bergschänke" war eine große Gastwirtschaft mit Veranstaltungssaal und Bühne, Kasino, Kegelbahn und Schankraum inmitten der Bergarbeiterkolonie.

Der Saal wurde zum Theaterspielen und für Konzerte genutzt, meistens vom Mandolinen- und Gitarrenverein. In den Wintermonaten stellten die Züchter ihre Kaninchen, Hühner und Tauben zur Schau. Das Kasino konnte für Familien- und Vereinsfeiern gemietet werden. Die breiten Terrassen, die auf drei Seiten um das Gebäude herum angelegt war, luden die Jugend zu ersten „sozialen" Kontakten mit dem anderen Geschlecht außerhalb häuslicher Aufsicht ein. Die Plätze zum Garten hin waren die beliebtesten.

Tabak und Schulzubehör

Schulzubehör kaufte man bei Böhle. Böhle war ein Tabakwarengeschäft, das Dinge für die Schule und Schreibwaren mit ins Sortiment genommen hatte. Später konnte man Lotto und Totoscheine dort abgeben. Frau Böhle war eine stattliche Frau. Sie führte den Laden allein, denn ihr Mann war in den letzten Tagen des Krieges gefallen. Nach geraumer Zeit hieß sie Staußberg, sie hatte wieder geheiratet, und das Ehepaar war nun gemeinsam im Geschäft. Herr Staußberg auf der Tabakwarenseite, und sie widmete sich den Schreibwaren, Zeitungen und Zeitschriften.

Ich kann mich noch an die erste Erscheinung der „Bild"-Zeitung erinnern. 10 Pfennige für eine Zeitung, die jeden Tag neu erschien, mit rotem Balken und großen Überschriften.

Im Vorbeigehen lernte ich Zigarren- und Zigarettenmarken: HB, JUNO, Overstolz, Eckstein usw., wusste was Hannewacker grün bedeutete. Ich glaube mich zu erinnern, dass man einzelne Zigaretten und Zigarren kaufen konnte.

Kartoffeln

Wenn die letzten Knollen Einkellerungskartoffeln im Keller Keime trieben, und die Frühkartoffelernte im Garten noch auf sich warten ließ, fuhr Herr Gommen einmal die Woche mit seinem Lieferwagen durch die Siedlung. Auf der Ladefläche getrennt lagen die einzelnen Kartoffelsorten: fest und mehlig kochend. An Namen wie „Hansa", „Drillinge" und „Sieglinde" kann ich mich erinnern.

Mit einer großen Glocke, den Klöppel kräftig hin und her schlagend und dem Schrei: K a a r r r t o o o f f e l n kündigte er sich an. Die Menschen kamen mit Eimern und Körben, in die die abgewogenen Kartoffeln gefüllt wurden. Herr Gommen hantierte schnell mit den Gewichten auf seiner Brückenwaage hin und her. Die Käufer vertrauten ihm, denn er warf jeder abgewogenen Schale noch eine Handvoll Kartoffeln hinterher. Im Herbst lieferte Herr Gommen säcke- und zentnerweise die bestellten Einkellerungskartoffeln, schleppte sie in die Keller und schüttete sie in das Schoß aus. Seine Tochter Luise besorgte während der Zeit das wöchentliche Haustürgeschäft. Einige Jahre später führte sie es selbstständig. Futtermittel für Schweine, Hühner und Hunde hatte sie ins Sortiment aufgenommen.

Gemüse und Obst

Es gab in der Siedlung mehrere Gemüsehändler, zum Beispiel Koschorke und Barthel. Am Budenverkauf von Barthel haften schöne Erinnerungen. Da wir durch den Schrebergarten Selbstversorger waren, gingen wir nur zu Ergänzungskäufen dorthin.

Im Herbst kauften wir einen Zentner Kaps (Weißkohl), um daraus Sauerkraut zu machen. Das ging so: Von den Kohlköpfen wurden die äußeren Blätter entfernt und mit einem speziellen Bohrer der innere Strunk herausgezogen. Die Köpfe wurden halbiert, in einem Kasten über die Kapsschabe oder den Kapshobel gleichmäßig hin und her geschoben. Feine Gemüsestreifen entstanden. Diese Streifen stampfte man mit einem Krautstampfer oder den Fäusten, Salz und Wacholderbeeren in einen großen Steinguttopf. Es entstand eine Flüssigkeit, die während der Gärung das Kraut als Konservierung bedecken musste. Ein sauberes Tuch unter einer Holzplatte und mit einem Pflasterstein beschwert sorgte dafür, dass keine Luft das Kraut zum Faulen brachte. Nach sechs Wochen gab es das erste frische Sauerkraut.

Wir besaßen einen Kapshobel. Während der Kapszeit wurde er für wenige Pfennige in der Stunde verliehen. Ich kann mich noch an die lange Liste erinnern, die den Verleih regelte. Manchmal wechselte die Schabe direkt von Müller zu Schulze. Es waren zwar nur Pfennige, aber es war ein Nebenverdienst, der half, irgendein Loch zu stopfen.

Eines Tages ging es wie ein Lauffeuer herum, an der Bude bei Barthel gibt es Zirkusfrüchte. Wir Kinder wollten die Zirkusfrüchte sehen und stürmten hin. Zirkusfrüchte hatten wir noch nie gesehen. Auch nicht im kleinen Wanderzirkus, der einmal im Jahr mit Zelt und Tieren auf dem Sportplatz Halt machte. Wir kannten die Zirkustiere und von den Akrobaten sahen wir uns Turnübungen ab, die wir versuchten nach zu machen. Aber Zirkusfrüchte?

Herr Barthel wunderte sich über den merkwürdigen Namen „Zirkusfrucht" und sah uns ungläubig an. Es dämmerte ihm, wir könnten Zitrusfrüchte meinen. Lachend zeigte er uns Zitronen und Apfelsinen, schälte eine und zerschnitt sie so, dass jeder von uns einmal kosten konnte. Auf eine Apfelsine ganz für mich allein musste ich bis Weihnachten warten.

Kurzwaren
Gern ging ich für Mutter ins Kurzwarengeschäft Wennemann. Dort roch alles „neu". Die verschiedenen Garne waren nach Farben sortiert. Vom einfachen Mangelknopf und Gummi-

band bis zur feinsten Nähseide in allen Farben, Wolle, Garne, Stopftwist, Schnittmuster, Stoffe, Schneiderzubehör wie Vlieseline und Polster konnte man kaufen. Und die vielen Knöpfe in jeder Größe, ob zum Arbeitsanzug oder zum Seidenkleid, Wollmantel oder Bluse. War ein Knopf verloren gegangen, suchte man in einer Kiste nach dem gleichen oder einem ähnlichen.

Welche Auswahl an Nadeln in den Schubladen lagerten! Nadeln zum Nähen mit der Hand oder Maschine in verschiedenen Größen und Stärken, zum Sticken, Häkeln, Stricken, Stopfen!

Das war mein Einkaufsparadies, in das ich leider nur selten kam. Es sei denn, unsere Schneiderin schickte mich dort mit einer langen Liste hin, um das Zubehör für ihre Arbeit zu besorgen.

Drogerie

Irgendwo gab es an der Wittener Straße einen Zimmerverkauf. „Drogerie Sander" konnte man auf einem Pappschild im Fenster lesen. Später gab es sogar eine beleuchtete Reklame. Ich glaube, ich war nur einmal dort zu einer Besorgung. Es kann sein, dass es wenige Tage vor der Währungsreform war. Die Eltern hatten mir Geld gegeben, ich möge irgendetwas bei Sander kaufen, denn bald hätten die alten Reichslappen sowieso keinen Wert mehr.

Es roch gut in der Drogerie, aber die Dinge waren mir fremd. Ich sah zum ersten Mal im Leben schön verpackte Seife, 4711 Kölnisch Wasser und Tosca, Haarwasser für Männer. Alles lag in blank geputzten Glasvitrinen. Dort waren Schächtelchen mit fremdem Inhalt, deren Verwendung ich nicht so schnell begreifen konnte.

Weil sich lange ein kleines Fläschchen 4711 in Mutters Handtasche hielt und ich manchmal daran schnupperte, vermute ich, dass mich Herr Sander zu dessen Kauf überredet hatte. Mehr gab es anscheinend nicht für das Reichsgeld. Dieses Zimmergeschäft muss eine Goldgrube gewesen sein, denn Anfang der 50er Jahre bauten Sander ein großes Haus an anderer Stelle der Hauptstraße; unten der Drogeriebetrieb, darüber Wohnungen. Es war das erste Haus mit riesengroßen Schaufenstern und Fensterscheiben ohne Sprossen in den Wohnungen. Diese ließen sich zum Lüften nach außen schwenken.

Kolonialwaren

Mehl, Zucker usw. kaufte man im Kolonialwarengeschäft. Es gab zunächst zwei Möglichkeiten. Das private Geschäft gehörte einer Familie Bankamp. In unmittelbarer Nähe entstand in einem neu gebauten Pavillonbau ein Konsum, in dem man die gleichen Waren kaufen konnte.

Jeder konnte durch Zahlung oder Ansammeln von Rabatten eingetragenes Mitglied in der GEG-Genossenschaft werden. Man sammelte die Einkaufsbons, gab sie zu gegebener Zeit als Bündel zu 50,- oder 100,- DM im Laden ab und bekam je nach Geschäftsertrag der Genossenschaft einen bestimmten Prozentsatz als Rabatt zum Jahresende zurück.

Waren, die zum „Versorgungsring" der GEG gehörten, kaufte man oft günstiger als bei Bankamp oder in Haushaltswarengeschäften.

Einkochgläser sind hier ein gutes Beispiel. Sie trugen auf ihren Deckeln nicht den Namen „Weck", sondern „geg".

Im Konsum gab es die ersten abgepackten Artikel. Ansonsten kaufte man die Produkte lose, das heißt, Mehl, Zucker usw. lagerten in großen Holzschütten und wurden mittels einer Schaufel in eine Tüte – oft von zu Hause mitgebracht – abgewogen. War Mutters Einkaufszettel von Rama oder Sanella bis Backpulver abgearbeitet, wurden alle

Positionen auf einem Zettel untereinander geschrieben und zusammengezählt. Später nahm eine Registrierkasse das Rechnen ab.

Ich war gehalten, die Zahlenreihe im Kopf mitzurechnen und die Waren mit dem Kassenzettel zu vergleichen, um lästige Reklamationen zu vermeiden. Die Eltern zählten genau das Rückgeld nach.

Nach der Währungsreform entstanden kleinere Lebensmittelgeschäfte in Wohnzimmern um die Ecke. Dort gab es alle Dinge des täglichen Bedarfs, nur nicht so billig wie im Konsum und, wenn nötig, auch auf Pump. Wir gingen dorthin, falls ein Teil beim Großeinkauf vergessen wurde. Meistens gehörte das Geschäft einer Frau als Nebenerwerb, und die Familienangehörigen halfen mit.

Haushaltswaren

Neben dem Milchbauern Torsbecken gab es ein Haushaltswarengeschäft. Viele kleine und größere Schubläden waren gefüllt mit Nägeln und Schrauben aus Stahl oder Kupfer in verschiedenen Größen. Man kaufte sie einzeln oder ließ sie abwiegen. Öfen und Ofenrohre, Einkochgläser, die passenden Ringe dazu waren im Angebot. Fahrräder hingen von der Decke. Werkzeuge, Gardinenleisten, Zinkwannen konnte man in der einen Ecke aussuchen. In der anderen Sammeltassen mit und ohne Pralinen und dickem Schleifentuff, Service sogar von Arzberg und Thoma und Hand geschliffene Gläser aus Spiegelau. Später waren Elektrogeräte wie Kühlschränke, Bügeleisen usw. im Sortiment.

Herr Vogt, der das Geschäft betrieb, war eine vornehme Gestalt. Im grauen Kittel, darunter aber weißes Hemd mit Krawatte, bediente er alle Kunden zuvorkommend. Ich erinnere mich daran, dass Vogts bald einen Pkw neben dem fürs Geschäft benötigten Lieferwagen fuhren.

Herr Vogt war in unserer Kirchengemeinde Presbyter und hoch angesehen. Nach meinem kindlichen Empfinden ging dieses Ansehen auf die ganze Familie über. Seine Töchter benahmen sich so, als seien sie etwas Besonderes. Ich glaube, sie besuchten das Gymnasium.

Sauerbraten
Eines Tages kam Vater aus der Stadt nach Hause und legte ein Stück Fleisch auf den Küchentisch. So etwas Herrliches hatte ich noch nicht gesehen! Neben dem Fleisch lagen duftende, luftgetrocknete Würstchen.

Vater und Mutter blinzelten sich zu. „Sonntag gibt es einen feinen Sauerbraten, ich lege das Fleisch gleich in Sauerrahm ein". Sonntag, war da etwas? Ein ganz normaler Sonntag, kein Geburtstag, kein Feiertag, nichts? Zum Sauerbraten hatte Mutter echte Thüringer Klöße aus rohen Kartoffeln gemacht. Die gab es nur einige Mal im Jahr und schmeckten köstlich. Zum ersten Mal durfte ich soviel Fleisch essen, wie ich wollte. Es kam mir im Geschmack etwas streng vor, aber Vater und ich aßen um die Wette, Fleisch, Klöße, Soße. Mutter schien es an dem Tag nicht gut zu gehen. Sie nippte nur an einem Kloß mit Soße.

Abends die Wurst, dünn aufgeschnitten und aufs Brot gelegt, war lecker, und Mutter schien es besser zugehen.

Woher Vater das Fleisch hatte, erfuhr ich erst, als er mich einmal mit in die Annastraße nahm. Ein Pferdekopf hing über der Eingangtür zum Metzger.

Kohle und Asche
Bergleuten stand eine bestimmte Menge Deputat Kohle als Hausbrand zur Verfügung, der für das ganze Jahr ausreichte. Steiger erhielten eine größere Menge Anthrazitkohle und

einfache Bergleute Fettkohle. Die Lieferung frei Haus erledigte ein Händler, dessen Dienstleistung bezahlt werden musste.

Die Eltern bestellten meistens eine halbe Tonne für einen bestimmten Tag. Herr Deutschmann, der Kohlenhändler, brachte sie auf seinem offenen Lastwagen, der nur bei langer Trockenheit oder strömendem Regen mit einer Plane abgedeckt war. Vor unserem Vorgarten öffnete er das Fach mit der für uns vorgesehenen Kohle, kippte die Ladefläche etwas an, und die Kohle türmte sich zwischen den Hortensienbüschen auf. Das Fach wurde ausgefegt, damit ja kein Krümel des schwarzen Goldes zurück blieb.

Nachmittags wurde die Kohle durchs Kellerfenster mit einer breiten Schaufel mit kurzem Stil hinunter bugsiert. Eine harte und staubige Arbeit. Mutter schrubbte danach den Keller und richtete den Vorgarten wieder her.

Die Fettkohle hatte einen hohen Heizwert, klumpte aber im Ofen zusammen, so dass sie mit dem Schürhaken (Stocheisen) auseinander gebrochen werden musste.

Nach dem Krieg füllte Asche der Kohlefeuerung manches Loch und manchen Trichter, der sich durch den Bunkerbau im Straßenraum auftat.

Später bekam das Viertel eine neue Kanalisation, damit auch eine feste Straßendecke und einen Gehweg. Im Winter diente die Asche als Streumittel bei Glatteis.

Es begann die geordnete Müllabfuhr, zunächst privat, dann durch die Stadt. Asche und Abfall wurde in ausgedienten Weckkesseln oder Kartons gesammelt und vierzehntätig auf einen offenen Lastwagen gekippt und abgefahren. Konrad Motte hieß der Unternehmer. Er hatte sein Fuhrgeschäft in Marten „An der Wasserburg" gegenüber der Realschule. Manches Mal machte er mit seinem Mitarbeiter bei einer Flasche Bier Pause an unserer Trinkhalle.

Außer Ofenasche gab es bei uns kaum Abfälle. Alles wurde verwertet. Küchenabfälle kamen, soweit sie nicht vom Vieh gefressen werden konnten, auf den Komposthaufen.

Mit Zeitungspapier zündete man den Ofen an, oder es fand sich eine andere Weiterverwendung. Sollte sonstiges Papier anfallen, wurde es ebenfalls verfeuert. Es blieb hier und da eine Flasche vom Oel und Essig.

Kunststoffe gab es nicht.

Regelmäßig fuhr der Klüngelskerl/Lumpensammler mit seinem klapprigen Wagen durch die Straßen. Die rechte Hand hielt das Lenkrad; den linken Ellenbogen stützte er auf den Rahmen des herunter gekurbelten Fensters. Mit hinaus gelehntem Kopf zauberte er auf einer Blechflöte mit wenigen Löchern eine einfache Melodie, die sich wiederholte. Wenn wir das Lied hörten, rannten wir Kinder los, die schon zusammengelegten Dinge zu holen.

Alle verwertbaren Stoffe, Lumpen oder metallne Reste, brachte man ihm.

Sie wurden sorgfältig gewogen. Dann kramte der Klüngelskerl aus seinem Lederbeutel einige Kupfermünzen hervor, wenn wir Glück hatten, auch mal einen Groschen. Das Geld durften wir für uns behalten.

SPLITTER AUS DEM KRIEG

Der Postbote
wurde in den Morgenstunden in der Straße erwartet. Er brachte Briefe aus dem „Feld" oder von der „Front". Unter den Begriffen konnten wir Kinder uns nicht viel vorstellen. An den Reaktionen der Erwachsenen deuteten wir den Inhalt der Schreiben. Freude über ein Lebenszeichen oder die Ankündigung eines Heimaturlaubes des Lieben. Manchmal hörten wir auf der Straße das Wehklagen von Müttern oder Ehefrauen, wenn ein Sohn oder Ehemann gefallen war. „Gefallen", mit dem Wort konnten wir nichts anfangen. Wenn jemand „fiel", stand er auf. Vielleicht hatte er Schrammen und Wunden und rief im Schmerz nach Vater oder Mutter. Dieses markerschütternde Wehklagen aber bei der Nachricht: es sei jemand „gefallen", begriffen wir erst, als wir lernten, dass es ein anderes „gefallen" gab. Etwas Endgültiges, nach dem es kein Aufstehen und Weitermachen gab.

Strom und Wasserversorgung
Obwohl unser Ortsteil von Bombeneinschlägen fast verschont war, war die Strom- und Wasserversorgung für die gesamte Stadt gedrosselt und reguliert. Oft fiel der Strom, angekündigt oder nicht, für mehrere Stunden aus. Darauf stellten wir uns ein. Der Kerzenstummel lag immer irgendwo griffbereit. Die Einschränkung, auf Radiomeldungen zu verzichten, war bitter.

Die Wasserentnahme war gelegentlich rationiert. Das bedeutete, man hatte nicht immer fließendes Wasser zur Verfügung. Zu zwei Hydranten in unserer Straße kamen die Familien mit Gefäßen, um einen Wasservorrat mit nach Hause zu nehmen. Wurde der Hydrant geöffnet, lief zunächst lehmige Brühe über die Straße. Erst wenn das Wasser für den Gebrauch klar genug war, durfte es aufgefangen werden. Wie die Regulierung von statten ging, weiß ich nicht. Ich sehe nur die Menschenschlange mit Eimern und Wannen vor mir. Schlimmes Gezeter ging los, wenn die letzten Tropfen verrannen und nicht alle Wartenden bedacht waren.

Besuch von Pfarrer Kuhlmann
Während des Krieges und in der schlechten Zeit danach besuchte uns regelmäßig samstags am späteren Nachmittag der alte Pfarrer Kuhlmann. Er ging in die Häuser, in denen er für sich und seine Familie eine Kleinigkeit zugesteckt bekam.

An einem Wintersamstagnachmittag, die Zinkbadewanne aus dem Keller stand noch in der Küche, klopfte es an der Haustür. Wir hatten alle nach einander gebadet und Mutter hatte das seifige Wasser genutzt, Hausflur und Eingangstreppe zu wischen. Mutter ahnte, wer der späte Gast sein könnte. Mehr zu sich selbst sagte sie, „der soll sich aber die Schuhe abputzen". „Emmi, geh, mach auf". Ich öffnete Pastor Kuhlmann die Tür und bat ihn barsch, sich die Schuhe abzuwischen. Er legte mir wie zum Segen die Hand aufs Haar und meinte, „braves Mädchen". Mit großem Schritt stand er in der Küche vor der Badewanne, was ihn nicht zu stören schien.

Mutter rieb sich verlegen die Hände an der Schürze trocken und kochte, wie immer, eine Kanne Muckefuck. Es war vom Baden noch wohlig warm im Raum. Genussvoll aß Pastor Kuhlmann ein Stück vom Sonntagskuchen und erbat beim Abschied eine kleine Gabe davon für Frau und Sohn, wie immer.

Großvater ist nicht mehr

Großvater fühlte sich nicht wohl. Man sah es ihm an. Er schlich durchs Haus, stocherte im Essen herum, und seine Pfeife blieb ungenutzt. Ein trockener Husten quälte ihn. Mutter ermahnte ihn, sich wärmer anzuziehen oder einen Schal umzulegen. Diese Fürsorge wischte er mit ärgerlicher Handbewegung weg.

Eines Tages bekam Großvater, als er auf der Veranda stand und nach draußen schaute, Schüttelfrost. Ein heftiges Beben lief durch seinen Körper. Er konnte sich nicht auf den Beinen halten und griff zur Säule des Eimerschränkchens. Das Möbel wurde dadurch erschüttert, Töpfe und Eimer klapperten. Voller Angst und Sorge um Großvater rief ich Mutter, die ihn zu seinem Bett führte.

Großvaters Zustand verschlechterte sich, es wurde nach Dr. Frerich, dem Arzt, gerufen. Dass hieß, es musste jemand zur 500 m entfernten Telefonzelle laufen.

Nach Stunden kam Dr. Frerich mit seiner Kutsche und untersuchte Großvater. „Lungenentzündung" war das Wort, das sich mir einprägte. In Decken verpackt, brachte der Arzt den Kranken persönlich ins Krankenhaus. Täglich besuchten wir ihn, brachten Blumen und saubere Wäsche. Der Abschied von ihm wurde immer bedrückender. Schließlich durfte ich ihn nicht mehr besuchen.

Dann die schreckliche Nachricht. Großvater sei gestorben. 23.11.1944 steht als Todesdatum im Familienbuch.

Am Beerdigungstag war unser Haus voller Gäste. Niemand hatte Zeit für mich. Draußen ging Onkel Fritz Höwing spazieren. Ihm schloss ich mich an. Wir erzählten von Großvater, bis das Pferdegespann mit dem Sarg kam. Den Pferden hatte man schwarze Decken übergehängt, ihren Blick durch dunkle Scheuklappen eingeengt. Die Trauergäste, die Männer mit Zylindern, stellten sich hinter dem Wagen auf. Der Leichenzug setzte sich zum Oespeler Friedhof in Bewegung.

Ich durfte nicht mit, ich sei zu jung und musste in der Obhut von Nachbarn bleiben.

Nach Rückkehr von der Beerdigung erzählte Mutter, dass die Trauergäste auf dem Weg zum Friedhof Zuflucht im Luftschutzbunker suchen mussten. Es gab Sirenenalarm.

Großvater fehlte mir sehr. Er war der letzte der Großeltern. Die anderen waren in den drei Jahren davor gestorben.

Mutter ging regelmäßig mit mir zum Friedhof nach Oespel. Eine Familiengrabstätte für sechs Gräber musste gepflegt werden.

Einmal war ich allein dort. Mutter war auf einen Sprung ins nahe großelterliche Haus gegangen und hatte den Friedhofsgärtner gebeten, auf mich zu achten. Ich zupfte Unkraut aus dem Kies. Als ich mich aufrichtete, stand mir ein schwarzer Soldat gegenüber. Der Schreck war groß und mir schlotterten die Knie. Was wurde nicht alles von und über Soldaten erzählt. Der „Neger", wie es damals hieß, lächelte mich an. Er reichte einen Kaugummi und kramte aus seiner Uniformtasche eine Tafel Schokolade, brach einen Riegel ab und schenkte mir auch den. Schon stand der Friedhofgärtner neben mir und ermunterte mich, das Hingereichte anzunehmen.

Die Schokolade war so dunkelbraun wie der Soldat. Die Zähne konnten nichts abbeißen, sondern vom Block nur Späne abhobeln. Hart und angenehm bitter war die Schokolade. Für den langen Weg zurück nach Hause, gut drei Kilometer, hatte ich eine köstliche Beschäftigung.

Später erledigte ich die Friedhofsarbeit vierzehntägig samstags; nicht freiwillig.

Der Ärger, deshalb aus dem Spiel mit den Freunden gerissen zu werden, dauerte nur so lange, bis ich das Stück Weg durchs freie Feld erreicht hatte. Dort fühlte ich mich allein auf der Welt. Es war Samstagnachmittag und niemand war zu sehen. Der Blick reichte bis zum Horizont. Ich hörte den

Gesang der Vögel, konnte sie aber nicht entdecken. Es roch je nach Jahreszeit herrlich. Im Frühjahr stieg nach einem Regenschauer das nasse Grün duftend auf. Der Geruch des reifen Korns konnte schwindelig machen. Manchmal verfolgte ich durch einen Schritt ins Feld Käfer oder ein Mäuschen. Lecker schmeckten frische Erbsenschoten, die als Grünfutter für die Tiere gesät waren.

Auf dem Rückweg vom Friedhof trödelte ich oft, pflückte Blumen und Pflanzen. Mutter stellte das „Gestrüpp" einige Tage in ein Glas. Durch Nachfragen lernte ich die Namen der Pflanzen kennen.

Bettenbelegung im Haus

Die Zeit dieser Episoden spannt sich von ersten Erinnerungen bis zum Ende der vierziger Jahre hin. Die Begebenheiten kann ich nur teilweise einem konkreten Datum zuordnen. Mein Schlafplatz wird die Orientierung sein.

Unser Haus war nicht groß. Fünf Zimmer, eine Toilette und eine Veranda. Sogar in der „guten Stube", die eigentlich nur zu besonderen Anlässen geöffnet wurde, stand ein Bett.

Normalerweise lebten Großvater, die Eltern, meine Schwester und ich in dem Haus. Normalerweise. Aber was war in den Zeiten normal?

Gut und sicher fühlte ich mich im großen weißen Schleiflackkinderbett, das neben den Ehebetten meiner Eltern stand. Ich kann mich erinnern, dass ich irgendwann am Fußende anstieß und das Gitter nicht mehr hoch gestellt wurde.

Das Kinderbett wurde abgebaut und auf den Boden verbannt. Ich wanderte zum Schlafen auf die „Ritze" ins elterliche Bett. Morgens bekam ich mit, dass sich die Eltern leise über mein unruhiges Schlafen beschwerten. Ich sollte mal den einen und dann wieder den anderen getreten, gehauen oder zu eng auf die Pelle gerutscht sein. Abends versprach ich ruhig zu liegen, wenn Vater oder Mutter mich vorsichtig in die Ritze schoben. Aber wenn ich träumte, verlor ich die Kontrolle.

Kinderlandverschickung
Meine große Schwester war durch die Kinderlandverschickung (KLV) lange Zeit nicht zu Hause. Ein Jahr war sie mit der Schule in einem Kloster in Dießen am Ammersee und später dann bei einer Familie Sutterer in Münchweier/ Schwarzwald.

Vater holte meine Schwester aus dem Kloster ab, weil die Klasse verlegt werden sollte. Dafür war eine Genehmigung aus München wichtig. Das alles muss mit großen Schwierigkeiten verbunden gewesen sein, denn es gab tagelang kein anderes Gesprächsthema im Haus.

Erika war wieder daheim. Wir Geschwister mussten uns aneinander gewöhnen. Die acht Jahre, die sie älter als ich war, spielte sie natürlich aus. Die Eltern übertrugen ihr dazu Aufsichtspflichten über mich.

Unterschiedliche Gründe mögen dazu geführt haben, dass meine Schwester wieder „aufs Land" geschickt wurde. Bei einer Familie im Schwarzwald hatten sie eine Bleibe gefunden. Gelegentlich kamen Briefe mit Schilderungen des bäuerlichen Lebens in ihrer Gastfamilie. Die Tochter „Dagmar" war Erikas Freundin geworden. Sie muss an schrecklichem Heimweh gelitten haben. Mutter entschloss sich zu einem Besuch bei ihr. Ich durfte mit. Eine Fahrt mit langen Wartezeiten auf den Gleisen hatten wir zu durchstehen, wenn dem Zug die Einfahrt in die nächste Stadt wegen eines Bombenalarms verwehrt wurde.

Endlich fuhren wir mit einer Bimmelbahn in den Ort Münchweier ein. Ich war nur die Größe meiner Heimatstadt Dortmund gewohnt und fand den kleinen Ort wunderschön. Von der Brücke aus, die über den Mühlbach führte, sah ich Erika vor dem Haus auf einer schlichten Holzbank Schuhe putzen. Ziegen standen um sie herum, die mir zunächst Angst machten, mich draußen auf Schritt und Tritt begleiteten.

Wir wurden freundlich aufgenommen, Mutter und Erika schliefen in einem Zimmer, und ich durfte unterm Dach alleine in einer Kammer übernachten.

Über meinem Bett befand sich eine Dachluke, durch sie sah ich abends in den klaren Nachthimmel. Ich wusste gar nicht, dass es so viele Sterne gab. Zu Hause war es Pflicht, bei Einbruch der Dunkelheit alle Fenster zu verhängen. Keine Lichtquelle sollte für angreifende Flugzeuge von außen zu erkennen sein.

Der Blick in den Himmel regte mich zum Träumen an, aber nicht zum Schlafen. Die Stille, die hier auf dem Land herrschte, machte mich kribbelig. Die Ruhe bekam mir nicht. Ich wartete auf Sirenenalarm, der uns in den Bunker rief. Hier gab es keinen. Nachts wälzte ich mich in meinem Bett hin und her und wusste nicht, was mit mir los war. Als die Ruhe zur Gewohnheit wurde, war die Zeit des Besuchs vorbei. Mit reichlichem Proviantpaket ausgerüstet, ging es Richtung Dortmund, nicht ohne die beschriebenen Fahrtunterbrechungen durch Aufenthalte wegen Bombardierungen auf größere Städte. Es wurde eine lange Fahrt.

Im Bunker

Bei Alarm musste man die unterschiedliche Tonfolge der Sirenen als Heulton lang und kurz oder Dauerheulton erkennen und entsprechend reagieren. Wenn es Sirenenalarm gab, verbrachten wir manche Nacht voller Angst im Bunker. Gepackte Sachen, die im Ernstfall nur zu greifen waren, standen in einer Ecke bereit. Oft gab es Vorankündigungen im Radio, dem „Volksempfänger"; falls man den Sender fein eingestellt hatte. Vater suchte die Nachrichten von BBC, um die „wahren Kriegsberichte" zu erfahren. Die Reichspropaganda drehte er weg.

Mutter und ich waren allein und schliefen offenbar gut. Zu gut, denn es rappelte und klopfte jemand am Haus. Kräftige Rufe „Frau Brinkmann" hörten wir.

Mutter fragte nach und ein Nachbar, jetzt fast hysterisch, „Beeilung, Beeilung, die „Christbäume" stehen schon am Himmel". „Christbäume" wurden umgangssprachlich die rotfarbigen Boden- und Himmelsmarkierungen genannt, die die Ziele und das Signal zum Angriff markierten.

Am Himmel standen die „Christbäume" fast über uns. Halb bekleidet rannten wir dem Mann zum Bunker hinterher. Wir stolperten die Treppe hinunter, um unsere Nische zu erreichen. Schon dröhnten die Motoren der schweren Bomber. Lehm bröckelte von den Wänden herab. Die Luftschutzlampen pendelten hin und her, das Licht flackerte, erlosch. Angstvolle Schreie, es wurde wieder hell. Die Stempel ächzten unter den Detonationen. Furcht erregende Gasmasken schaukelten an den Nägeln, glotzten mit ihren schwarzen Augengläsern auf uns herab.

Die Menschen kauerten mit eingezogenen Köpfen in den Nischen. Keiner wagte zu sprechen. Wimmern, Rosenkranzbeten, ein Baby weinte. Heulen und Brummen der Flugzeugmotoren, wieder Bombeneinschläge, Detonationen. Ein Spuk, der die Ewigkeit von knapp einer Stunde dauerte.

Endlich der Dauerton der Sirenen. Entwarnung. Wie gelähmt blieben alle sitzen. Einige Männer standen auf, wollten nachsehen, „was oben los war". Ob es nicht besser sei, überhaupt im Bunker zu bleiben. Dann Bewegung, man strömte den Ausgängen zu, lautes Reden. Ungläubiges Staunen. Unsere Häuser standen unbeschädigt. Über der Stadt war der Himmel rot, glutrot erleuchtet. Die Anspannung wich. Wehklagen um die armen Menschen, die es dieses Mal getroffen hatte.

Verwandtschaft im Haus
Bei solch strukturiertem Bombenhagel auf den Dortmunder Norden muss meine Lieblingstante „Lieselotte", die jüngste Schwester meiner Mutter, die Wohnung in der Lütge-Heide-Straße verloren haben. Sie kam mit ihren Töchtern, Helma und Wilma, und den noch verwertbaren Möbeln ins Haus „Am Wasserfall". Es war auch ihr ehemaliges Elternhaus. Onkel Willi, ihr Mann, ein Viehhändler, besuchte sie gelegentlich und brachte Lebensmittel und Fleisch mit. Das Haus war voll Menschen. Wer wo schlief und wie wir alle beköstigt wurden, weiß ich nicht. Die Sorgen des täglichen Lebens gingen an uns Kindern vorbei. Die Cousinen waren zwei und drei Jahre älter als ich. Wir spielten zusammen und stritten uns. Ganz natürlich.

Tante Lotte wurde krank, sehr krank. Sie habe starke Blutungen, hörten wir Kinder. Blut sahen wir nicht. Bald wurde Tante Lotte so schwach, dass sie sich nicht mehr auf den Beinen halten konnte. Eine Ärztin kam ins Haus. Uns Kinder schickte man auf die Veranda. Die Fensterscheibe der Zwischentür wurde mit einer Decke verhängt. Durchs Schlüsselloch sehend erkannte Wilma, dass ihre Mutter mit dem Rücken auf dem Küchentisch liegend untersucht wurde. Eine Unterleibsoperation war unausweichlich, die unter Bombenhagel in der Frauenklinik „Dudenstift" durchgeführt wurde. Später folgten Strahlenbehandlungen in Recklinghausen. In der Zeit bedeuteten Fahrten nach Recklinghausen Tagesunternehmungen.

Da im bombardierten Dortmund keine neue Wohnung zu finden war, zog Tante Lotte mit ihren Töchtern nach Gronau. Dort lebte ein Bruder meiner Mutter mit Familie. Onkel Ernst, ein „131er", war im Krieg an der Ostfront. Tante Betty, seine Frau, hatte er vor dem Krieg bei einem Aufenthalt in Allenstein kennen gelernt und schnell geheiratet. In Tante Bettys Nachbarschaft war eine Wohnung bei einer

Frau Determann frei. Tante Lotte sollte dort den Haushalt führen.

Nach dem Krieg besuchten meine Mutter und ich die Verwandtschaft in Gronau wegen einer Erbschaftsangelegenheit. Alle lebten in schönen großen Wohnungen und waren gut und chic gekleidet. In Gronau sah man keine Trümmer, es schien keine Bomben gegeben zu haben. Die Mädchen fuhren sogar mit Tret- und Wipprollern aus Metall. Mir schenkten sie einen rauen Holzroller, für den ich schon zu groß war und dessen Holzräder eierten und keine Gummibereifung hatten.

Kostgänger

Eine kurze Zeit hatten die Eltern „Kostgänger" aufgenommen. Zwei Männer, die ich kaum zu Gesicht bekam. Sie schliefen in der Mansarde, die man nur durch das elterliche Schlafzimmer erreichen konnte. Sie gingen früh mit einem Paket Broten aus dem Haus und kamen spät abends, wahrscheinlich zu einer verabredeten Zeit zurück. Ich hörte nur ihre schweren Schritte und kräftigen Stimmen. An Gesichter kann ich mich nicht erinnern. Bei nasskaltem Wetter wärmte Mutter ihre Federbetten am Herd in der Küche an, denn das Haus war nicht zentral beheizt. Wenn sie ein Zimmer oder eine Wohnung fanden, verließen sie uns.

Wohnraumbewirtschaftung

Nach dem Krieg organisierten die Besatzungsmächte den großen Wohnungsmangel. Neuer Wohnraum konnte nicht so schnell geschaffen werden. So legte man den Wohnungsämtern eine bis dahin nicht gekannte Verpflichtung auf, Flüchtlinge und Menschen, die durch Bombardierungen ihre Wohnung verloren hatten, unterzubringen. Die Wohnungssuchenden wurden den Wohnungshabenden nach einer Bemessungsgrundlage zugeteilt. Wehren konnte man sich dagegen nicht.

Für uns bedeutete das, dass wir ein Zimmer möbliert abzugeben hatten und die Küchennutzung zulassen mussten. In ein separates Zimmer zog eine dreiköpfige Berliner Familie. Sie benutzten Toilette mit Waschgelegenheit und die Küche und bekamen sogar einen Hausschlüssel ausgehändigt. Die Einschränkungen auf beiden Seiten waren sehr groß. Mit gegenseitiger Rücksichtnahme wäre die Situation auf Zeit auszuhalten gewesen. Nach einer Woche aber musste Mutter nachfragen, ob sie auch einmal kochen dürfte. Der kommandierende Tonfall, der im Haus Einzug gehalten hatte, war mir fremd. Zum ersten Mal hörte ich die Bemerkung von Vater „Berliner Großschnauze". Die Ereignisse spitzten sich zu, und Vater kämpfte auf dem Wohnungsamt für einen Wechsel bei der „Einquartierung", der auch gelang.

Frau Reitz, deren Mann vermisst wurde, zog mit ihrer Tochter Gisela bei uns ein. Frau Reitz arbeitete als Buchhändlerin in der Schwalvenberg-Buchhandlung auf dem Ostenhellweg. Während der Woche lebte Gisela bei ihren Großeltern in Dortmund-Marten. Sie kamen nur zum Wochenende. Ein großes Glück für uns, denn die meiste Zeit waren wir allein. Am Wochenende brachten die beiden uns die Welt ins Haus. Frau Reitz schenkte mir Bücher. Sie besaß bereits ein modernes Radio. Unseren Volksempfänger hatten die Eltern günstig verkaufen können. Sie brauchten das Geld, um den Geschwistern meiner Mutter ihren Erbanteil des Hauses vor der Währungsreform auszahlen zu können. Sonntags durfte ich bei Frau Reitz und Gisela Kinderfunk und den anschließenden Suchdienst des Roten Kreuzes hören; aber nur wenn unsere Küche sauber und aufgeräumt war. Jedesmal bekam ich die Ermahnung mit auf den Weg, artig zu sein und nicht zu lange zu bleiben.

Frau Reitz hatte das Zimmer geschmackvoll eingerichtet. Ich fühlte mich dort wohl. Irgendwann lernte sie einen Mann kennen. Mit ihm und ohne Tochter wurden die Übernachtungen häufiger. Das Paar heiratete, Gisela wurde eingeschult und sie zogen in eine Wohnung nach Dortmund - Marten. Lange Jahre danach hatten wir noch Kontakt.

Vater im Krieg

Vater wurde lange nicht in den Krieg „gezogen". Sein Gesundheitszustand erlaubte es nicht. Dann doch der Einberufungsbefehl. Ohne jede Rekrutenausbildung ging es Richtung Niederlande. Vater war im Krieg. Das Leben im Haus ging weiter, und doch war alles verändert. Es wurde still um uns. Die Nachbarn zogen sich zurück. Ohne Vater fühlten wir uns schutzlos. Angst, Sorge und Sehnsucht schleppte jeder mit sich herum. In der ersten Nachricht aus dem Feld standen Schilderungen der Kriegsereignisse rund um Nijmegen und Arnheim. Mutter weinte. Vater gehe es schlecht, er habe eine neue Venenentzündung und könne kaum laufen. Zwei Kameraden würden ihn tragen. Von den Kämpfen erfuhr ich nichts.

Einmal musste ein Paket vom Güterbahnhof in Marten abgeholt werden. Von Vater. Er schickte eine riesige grüne Wolldecke und ein hauchdünnes, winziges Parfumfläschchen. Die Decke hatte ein Brandloch, deshalb konnte sie nicht zum Nähen eines Mantels gebraucht werden. Viele Jahre gab es sie noch in unserem Haus, zum Zudecken, Abhängen usw.

So plötzlich wie Vater in den Krieg ging, kam er wieder und war doch nicht da. Ich durfte nicht über seine Heimkehr reden, obwohl ich voller Freude war. Er versteckte sich für lange Zeit im Haus, ging nur bei Dunkelheit hinaus. An der linken Wange hatte er eine lange, rote Narbe. Er erzählte, von Gefangenschaft, Dachau. Er sei mit den Kameraden in einem Stall eingesperrt worden. Nach einem Blick aus dem Fenster habe ihm ein Aufseher sein Gewehr durchs Gesicht gezogen.

Die Narbe wurde blasser, blieb aber ein Mal.

Eines Tages fand ich in einem Fach unter der Kellertreppe eine in Ölpapier gewickelte Pistole. Große Aufregung! Wieder wurde ich zum absoluten Stillschweigen verdonnert.

Das aufgezwungene Schweigen hielt und machte stumm, auch als es nicht mehr nötig war. Es löste sich erst, als keine Antworten mehr gegeben werden konnten.

„Waffen-SS", „denunzieren", „desertieren", „Dachau" waren für mich als Kind magische Begriffe, deren Bedeutung sich erst später erklärte.

Vor mir liegen Fotos aus der beschriebenen Zeit. Vater in Uniform der Waffen-SS. Mit großen traurigen Augen schaut er mich an, mit hängenden Schultern und noch schlanker geworden. Ein anderes Bild zeigt eine große Grünfläche, wahrscheinlich Kampfgebiet. Kameraden mit Sanitäterarmbinde tragen Vater auf einer Liege.

Vor mir liegt auch, zweisprachig, Vaters Entlassungsschein aus der Waffen-SS. „DISCHARGED FOR WORK!" Ausgestellt wurde das Dokument am 18. Februar 1946. 46th DCU BRITISCH ZONE, beglaubigt durch F:A: HALLS; Capt.

Kinderkrankheiten
Außer der amtlichen Pockenschutzimpfung gab es keine anderen Vorsorge oder Schutzimpfungen. Ich bekam bis auf Röteln alle Kinderkrankheiten, Windpocken und Mumps. Die Masern hatten einen extremen Verlauf, sodass sogar der Arzt kommen musste. Ich war krank und erholte mich kaum. Ein

bellender Husten blieb. Bei der Nachuntersuchung hörte die Ärztin Geräusche auf der Lunge. Im Hörder Gesundheitsamt sollte ich durchleuchtet werden. Die Eltern waren in größter Aufregung.

Mutter und ich fuhren mit dem Bus. Träumend sah ich die vorbeifliegende Landschaft durch die Fensterscheiben. Neu. Unbekannt. Schon vergessen.

Mich interessierte nur, was es mit meiner Durchleuchtung auf sich hätte.

Ich wusste, dass man Hühnereier, bevor sie in die Brutmaschine kamen, durchleuchtete. Sie wurden auf ein Gestell mit Glühbirne gelegt, um zu sehen, ob sie befruchtet seien. Unbefruchtete Eier wurden aussortiert.

Was stellte man beim Menschen an, um in ihn hineinzusehen? Mutter schwieg. Sie schien auch nichts zu wissen.

In einem kahlen Raum nicht enden wollende Wartezeit. Dann musste ich allein in eine Kabine gehen und den Oberkörper frei machen.

Eine Gänsehaut lief über Rücken und Arme. Eine freundliche Frau meinte: „Nun komm mal weiter, wir wollen deinen Oberkörper fotografieren." Ach so, durchleuchten ist fotografieren. Langsam verflog die Angst.

Den nackten Oberkörper an eine kalte Platte gepresst, stand ich allein im Dämmer. Umrisse von Geräten und Notlampen hoben sich ab. Eine andere Platte kam auf mich zugefahren. Die Frau rief: „Gleichmäßig atmen, nicht mehr atmen, weiter atmen." Es knackte zweimal, dann war alles vorbei. Anziehen und hinaus zur Mutter war eins.

Keiner sprach ein Wort. Banges Warten bis das erlösende Ergebnis kam: Nein, keine Tuberkulose. Ein Schatten auf der Lunge.

Frau Dr. Sobbe, die unsere Wohnverhältnisse kannte, riet den Eltern, ein trächtiges Schaf anzuschaffen. Die fette Milch würde meine Lunge ausheilen. Es gelang.

Dieses Schaf „Lotte" war in der damaligen Zeit eine unschätzbare Hilfe, machte uns Kindern Freude und den Eltern kaum Arbeit. Morgens wurde es auf den Grünflächen des Sportplatzes angepflockt und abends kam es in seinen Stall. Der kleine Schafbock, der geboren wurde, lief einfach seiner Mutter nach. Manchmal auch uns Kindern und Vater, wenn er zur Arbeit ging. Er wurde, als die Zeit gekommen war, heimlich „schwarz" geschlachtet.

In der Nachbarschaft wohnten zwei Frauen, die „Lottes" Wolle spannen und verstrickten. Für die beiden und uns ein großes Glück und Geschäft.

Erkältungskrankheiten wurden zunächst mit erprobten Hausmitteln behandelt. Bei Halsschmerzen, Husten und Schnupfen halfen Umschläge, heiße Kartoffelwickel, Kamilledampfbäder, und aus gekochten Zwiebeln machte man Hustensaft. Eine Hühnersuppe baute Kräfte auf. Erst wenn das alles nicht wirkte, wurde nach dem Arzt gerufen. Was mich quälte, war die Bettruhe und das Abgeschnittensein vom Familienleben und von den Freunden.

Schrecklich zu ertragen waren Ohrenschmerzen. Es pochte und pulsierte im entzündeten Ohr. Ich bekam Zwiebelumschläge, und Mutter träufelte warmes Öl hinein. Der Schmerz wollte nicht aufhören. Er löste sich erst langsam auf, wenn eitriger Sekret aus dem Ohr tropfte. Tagelang musste ich mit einem Wattepfropfen im Ohr herum laufen.

Einmal wollte die Mittelohrentzündung nicht von alleine weggehen. Herr Grün, ein Nachbar, der bei der Stadtverwaltung arbeitete, nahm Mutter und mich mit seinem VW mit in die Innenstadt ins Johanneskrankenhaus.

Nach stundenlangem Warten auf einem kalten Kellerflur stellte der Arzt eine Mittelohrentzündung fest. Das Ohr wurde durchgestochen, damit das Sekret ablaufen konnte. Bei der Behandlung erkannte der Arzt Polypen, die dringend entfernt werden mussten. Ein Termin für den Eingriff wurde vereinbart.

Der Heimweg nach der Ohrbehandlung mit Straßenbahn und langem Fußmarsch wollte nicht enden. Ich quengelte und wimmerte vor mich hin. Zu Hause schlief ich vor Erschöpfung auf dem Sofa in der Küche ein.

Warum Mutter mich nicht zu dem Eingriff der Polypenentfernung begleitete, sondern mich mit meiner acht Jahre älteren Schwester los schickte, weiß ich nicht. Natürlich ging es mit Bus und Straßenbahn in die Innenstadt. Inzwischen war die Dorstfelder Brücke durch Bomben zerstört. Die Fahrgäste stiegen vor der Brücke aus, gingen über einen hölzernen Behelfssteg und nach der Brücke wieder in die Straßenbahn, um die Fahrt fortzusetzen.

Das Warten auf dem langen Klinikflur war mir bekannt. Mir wurde schlecht, als man meinen Namen aufrief und die Prozedur begann. Der Arzt tröstete mich, es dauere nicht lange, täte mir auch nicht weh usw. Ich saß auf dem Schoß einer Krankenschwester und bekam ein weißes Laken umgehängt. Man hielt mir eine Brechschale vor den Mund, setzte mir eine Gittermaske auf und tröpfelte Chloroform auf den darüber liegenden Gazelappen. Ich solle langsam zählen. Die ersten Zahlen hörte ich ganz deutlich, die nächsten mit Wiederhall ...

Als ich wach wurde, lächelte mich der Arzt an und sagte, du hast alles gut überstanden. Wir mussten noch eine Zeit abwarten, bis wir mit der Straßenbahn nach Hause fahren konnten. In der Bahn bekam ich eine starke Nachblutung. Gut, dass Mutter uns ein Handtuch mitgegeben hatte. Wie wir letztendlich nach Hause gekommen sind, weiß ich nicht mehr.

Wir Bergarbeiterfamilien kamen in den Genuss einer gut organisierten Werksfürsorge. Später wurde daraus ein Gesundheitszentrum mit Ärztehaus. Eine Fürsorgerin hielt in Räumen der Schachtanlage „Dorstfeld 2/3" Sprechstunden ab oder machte Hausbesuche. In der Sprechstunde beriet sie Familien, und bei Auffälligkeiten „verordnete" sie eine Behandlung mit Höhensonne und leitete die Genehmigung einer Kur ein. Wegen meiner Bronchenanfälligkeit wurde ich nach Bad Salzuflen und Bad Sassendorf geschickt.

GROSSE WÄSCHE

Die Tage der großen Wäsche, alle vier Wochen, nahmen die ganze Familie in Anspruch. Was Mutter dort unten in der Waschküche leistete, bis alles gewaschen, ausgewrungen, gebügelt oder gemangelt wieder im Schrank lag, kann ich heute erst richtig verstehen.

Sie arbeitete in alten Kitteln, mit Kopftuch und in Stiefeln auf dem kalten, nassen Steinboden im Keller. Das Leben in der übrigen Wohnung schien still zu stehen. Man traf sich kurz zu den Mahlzeiten. Nur das nötigste wurde geredet.

Obwohl wir uns im Eigenheim nicht an einschränkende Hausordnungen zu halten brauchten, wurde nur einmal im Monat in der Waschküche gewaschen. Wollsachen und Blusen wusch man zwischendurch mit der Hand.

Wäsche war ein tägliches Thema. Jeder, auch wir Kinder, war darauf bedacht, sich nicht schmutzig zu machen. Frauen trugen über der Kleidung bei der Hausarbeit bunte Schürzen oder Kittel. Wenn es ganz schlimm wurde, band man vor den Kittel noch eine kurze Schürze. Sonntags hatten die Frauen eine weiße oder helle, manchmal selbst bestickte Schürze um, die sie erst nach dem Kaffeetrinken für kurze Zeit ablegten.

Wir Kinder trugen „gute" Kleidung nur für die Schule, manchmal noch eine weiße Voileschürze. Nach Hause gekommen, zogen wir uns selbstverständlich ältere Sachen an.

Unterwäsche und Handtücher wurden wöchentlich gewechselt, Nachtwäsche alle zwei, Bettwäsche alle vier Wochen, Strümpfe nach Bedarf.

Werktags lag auf dem Esstisch meist eine praktische Wachsdecke, die leicht abzuwischen war.

In der Woche vor dem Waschtag kauften wir im Seifengeschäft: Imi, Sil, Henko, Persil, Dalli Schmierseife und Hoffmann's Stückstärke. Sonntags kochte Mutter das Essen für die nächsten Tage vor.

Am Abend weichte sie Vaters Arbeitswäsche in einer Zinkwanne mit Henko ein. Nicht selten kamen die Reste von Kernseife mit ins Wasser. Stofftaschentücher weichten in einem Emailleeimer. In den großen eingemauerten Kupferkessel wurde Wasser geschöpft und erwärmt, damit die Leibwäsche langsam in Sil „ziehen" konnte. Die übrige Schmutzwäsche lag sortiert in Wannen oder auf dem Boden. So konnte Mutter die Anzahl der zu waschenden Maschinen berechnen.

Am frühen Montagmorgen schon, wenn ich zum Frühstück kam, hörte ich Mutter im Keller hantieren. Meistens brannte das Feuer bereits unter dem Kessel.

Allein zu frühstücken machte mir keinen Spaß, so stand ich mit dem Butterbrot in der Hand auf der Kellertreppe und sah Mutter im Dampf der Waschküche zu, wie sie Lauge aus dem Kessel und die kochend heiße Wäsche mit Stock oder Zange in den Holzbottich der Waschmaschine umfüllte. Ich wusste, in solchen gefährlichen Momenten durfte man sie nicht ansprechen.

Der Deckel der Waschmaschine mit dem eingebauten Drehkreuz würde sich bald schließen und der Wassermotor schwenkte die Wäsche zwanzig Minuten lang hin und her.

Gott sei Dank war heute der Wasserdruck stark genug. Wenn nicht, wurde ein Stock durch den Motor geschoben und musste zwanzig Minuten lang in gleichmäßigen Bewegungen geschwungen werden. Dabei durfte ich manchmal helfen, was ganz schön anstrengend war. Später bekam unsere Waschmaschine einen Elektromotor.

Mutter nahm sich eine kleine Pause und trank mit mir einen Schluck Kaffee. Während der Waschtage kam sie nur zu den Mahlzeiten nach oben, blieb still, von der schweren Arbeit abgekämpft. Wenn etwas nicht richtig klappte, wurde sie ungehalten.

Ich hatte das Gefühl, Mutter wohnte während der Zeit im Keller.

Vor der Schule durfte ich noch ein wenig von der Treppe aus zusehen. Mutter hatte die Waschmaschine geöffnet und bugsierte die noch dampfende, laugige Wäsche durch einen Wringer, der vorn auf die Maschine montiert war. Über eine Kurbel setzten sich zwei Gummiwalzen gegenläufig in Bewegung und pressten aus der Wäsche Lauge oder Wasser heraus. Die Wäsche fiel aus dem Wringer in eine Zinkwanne oder in einen Weidenkorb.

Eine Schwerstarbeit bedeutete das anschließende mehrmalige Spülen in der großen Terrazzobadewanne. Selbst die großen Wäschestücke wie Bettbezüge und Betttücher wurden von Hand ausgewrungen oder nochmals durch den Wringer gegeben, bis sie getrocknet werden konnten.

In der Lauge der weißen Wäsche wurden dann die Buntwäsche und die Arbeitskleidung gewaschen. Aus dem Kupferkessel und auch aus der Waschmaschine wurde immer etwas Lauge auf den Fußboden abgelassen und frisches Wasser hinzugefügt. Dadurch wurde das Gehen auf dem Steinfußboden noch gefährlicher.

Es gab nur ein Thema: Die große Wäsche. Alle andere Arbeit in der Wohnung ruhte. Ohne Mutter war es dort kalt und leer. Der Wäschedampf zog durch die ganze Wohnung. Immer wieder stand ich auf der Treppe und schaute Mutter zu, oder ich bettelte, die Kurbel des Wringers drehen zu dürfen, aber meistens schaffte ich es noch nicht.

Die Frage „Wie lange dauert es noch?" verkniff ich mir, denn die mochte Mutter überhaupt nicht hören. An solchen Tagen war sie wortkarg, und wenn sie sprach, kamen die Worte barsch aus ihr. Sie wurde mir in der Zeit fremd.

Glücklich war ich, wenn ich „helfen" durfte. Die Stärke für Tischdecken, Oberhemdenkragen und Schürzen musste vorbereitet werden. Ich löste die Stückchen mit kaltem Wasser unter Rühren auf, bevor sie mit kochendem Wasser endgültig aufgegossen wurden. In der milchigen Flüssigkeit wurde die Wäsche gestärkt.

Spaß machte das Aufhängen der Wäsche, wenn ich sie Mutter mitsamt den Klammern anreichte. Obwohl die saubere Wäsche gerade aus dem Wringer kam, war sie noch klatschnass. Wieviel Zentner Last Mutter an einem Wäschetag wohl schleppte?

Die fertigen Teile mussten in Zinkwannen oder in Weidenkörben, die mit Wasser vollgesogen waren, bei schönem Wetter über eine Treppe in den Garten, bei Regenwetter oder im Winter über mehrere Stockwerke auf den Dachboden getragen werden.

Das Wäschetrocknen im Garten erforderte hohe Aufmerksamkeit. Bei Regen oder wenn der Wind drehte und den Ruß und Kohlenstaub von der Kokerei herüber blies, rannte Mutter sofort, um die Wäsche abzunehmen. Manchmal wurde sie nochmals draußen aufgehängt, meistens aber im Keller bei offenen Fenstern und Türen nachgetrocknet oder am Küchenherd.

Im Winter kam die Wäsche auf den Dachboden. Die Finger blieben vor Kälte an der Leine kleben und nach Tagen des Trocknens hing sie steif gefroren an der Leine.

Gebügelt wurde, wenn Wäscheteile die richtige Feuchtigkeit hatten. Kleine Teile wie Taschentücher und Unterwäsche durfte ich auffalten. Bett- und Tischwäsche wurde gereckt und gerafft über die Kanten in Form gezogen, mit einem Sprenger eingefeuchtet und im Korb mit dem Handwagen zur Heizmangel gefahren.

Langsam normalisierte sich das tägliche Leben bei uns. Mutter war wieder in der Wohnung, kochte und machte andere Hausarbeiten. Bald waren die schweren Tage der großen Wäsche vergessen. In vier Wochen würden sie sich wiederholen.

MEINE KONFIRMATION

Der eigentliche Konfirmationstag war der 4.4.1954. Die feierliche Einsegnung fand im Rahmen eines Gemeindegottesdienstes statt und dauerte fast zwei Stunden. Die Kirche war wie immer, bei Konfirmationen und am Heiligen Abend, bis auf den letzten Platz gefüllt.

Wir Konfirmanden zogen unter Orgelmusik mit Pfarrer Strohbusch und den Presbytern durch den Mittelgang des großen Kirchenschiffes in die Kirche ein und standen während der gesamten Dauer des Gottesdienstes im Altarraum; die Mädchen links vom Pfarrer und die Jungen rechts.

Durch zu schnellem Körperwuchs, Aufregung, Pubertät und immer noch Mangelernährung, kippten einige Jungen während des Gottesdienstes um und wurden von anderen in die angrenzende Sakristei getragen. Nach einiger Zeit kamen sie zurück, als sei nichts geschehn. Der Ablauf der Feier lief unterdessen unberührt weiter.

Jeder Konfirmand wurde durch Handauflegung des Pfarrers und mit seinem Bibelspruch eingesegnet. Die Presbyter überreichten eine Urkunde mit Bild des Innenraumes der Kirche und dem Einsegnungsspruch und begrüßten uns als vollwertiges Gemeindeglied.

Den Spruch durfte sich jeder vorher aussuchen. Meiner steht im 1. Brief des Paulus an die Korinther im 13. Kapitel, Vers 13.: „Nun aber bleibt Glaube, Hoffnung, Liebe, diese drei; aber die Liebe ist die größte unter ihnen."

Dieser Spruch sollte unser Familienleben begleiten. Unbewusst wurde er unser Trauspruch, Kerstins Konfirmationsspruch und der Leitspruch zur Beerdigung meines Mannes.

Nach dem Gottesdienst mussten wir dem Fotografen für das obligatorische Bild posieren. 42 Mädchen, alle in schwarzen Kleidern, eventuell mit weißem Einsatz oder Krägelchen. Mein Kleid hatte meine acht Jahre ältere Schwester schon zu ihrer Konfirmation getragen. Durch feine Smokarbeit wurden die unterschiedlichen Figuranteile ausgeglichen. Zum ersten Mal im Leben hatte ich dünne, schwarze Seidenstrümpfe und Lackschuhe an. Als Schmuck trug ich ein zartes goldenes (585) Kettchen mit einem Amethystanhänger, der ein Konfirmationsgeschenk meiner Schwester war, die nach dem üblichen Pflichtjahr nun als Lehrling schon Geld verdiente.

Fast alle Mädchen trugen noch ihre Zöpfe.

Was mir erst in späteren Jahren aufgefallen ist: der Fotograf hatte uns offenbar alle militärisch genau für die Aufnahme ausgerichtet. Die sitzenden Mädchen hatten das linke Bein über das rechte geschlagen. Die Gesangbücher hielten alle in der linken, die rechte Hand leicht darunter geschoben. Zum Schutz des Leders war ein weißes Taschentuch mit gehäkelter Spitze um das Gesangbuch gelegt.

Meins war aus feinem Linon genäht, einem Stück aus dem Aussteuerballen meiner Mutter. Die Spitze hätte ruhig ein paar Runden länger sein können, auch wenn sie zweifarbig war. Irgendwie war dieses Quantitätsmerkmal damals wichtig.

Von der Jungengruppe wurde ein eigenes Bild gemacht, das wir nie zu Gesicht bekamen.

Schade, denn wir Jungen und Mädchen hatten bis zu diesem Konfirmationstag alles gemeinsam durchgestanden, zwei oder drei Jahre Unterricht zu unmöglichen Zeiten, das grässliche Auswendiglernen und Aufsagen, aber auch so manchen Schabernack mit Folgen.

Im wöchentlichen Vorkatechumen, Katechumenen- und Konfirmandenunterricht lernten wir den gesamten Katechismus, Bibelstellen und Liedertexte auswendig. Das Abfragen durch den Pfarrer in der nächsten Stunde war ein Gräuel, denn nicht jeder lernte gut auswendig. Manchmal blieb wegen der Schulverpflichtungen auch kaum Zeit dazu. Wir halfen uns, so gut es ging, gegenseitig durch vorsagen.

Während der Vorbereitungszeit auf die Konfirmation gingen wir jeden Sonntag den langen Weg zur Kirche; zunächst in den Kindergottesdienst und dann in den Hauptgottesdienst. Diese Kirchenbesuche wurden in einem Buch registriert. Fehlten wir, mussten die Eltern einen triftigen Grund für eine Entschuldigung anführen oder erfinden.

Einen Sonntag vor der Einsegnung stellte der Pfarrer die Konfirmanden im Rahmen eines Gottesdienstes dem Presbyterium und der Gemeinde vor. Für diesen Prüfungssonntag benötigten wir Mädchen ein neues Kleid, und das in der schlechten Zeit. Für dieses Kleid hatte meine Mutter ein Erinnerungsstück aus ihrer Jugend hergegeben. Zu dem rehbraunen weichen Wollgeorgette fand man einen passenden grünen, und so zauberte unsere Hausschneiderin daraus ein tragbares Kleid mit verlängerter Taille, was damals modern war.

In diesem Vorstellungsgottesdienst fragte der Pfarrer den „vermittelten" Stoff der Vorbereitungszeit ab. Das bedeutete, dass wir das Gelernte abrufbereit im Gedächtnis vor zu halten hatten. Lernschwachen wurde „christlich" geholfen. Die Presbyter durften mit Zusatzfragen eingreifen.

Die Feier des ersten Abendmahls fand am Sonntag nach der Konfirmation im Rahmen eines Nachmittagsgottesdienstes statt. Einige Konfirmanden fehlten, wie auch Familienangehörige und Paten. Für manche Jungen und Mädchen hatte bereits am 1.4. „der Ernst des Lebens" mit einer Lehre begonnen, denn das Schuljahr endete damals am 31.3.

Am Konfirmationssonntag gab es zu Hause im Familienkreis ein Festessen, wofür man lange vorher sparte. Zum Kaffeetrinken kamen Nachbarn und Freunde und endlich meine katholische Freundin. Mein Vater spendierte einen selbst aufgesetzten Johannisbeerlikör, der die Zungen löste und die Feier recht fröhlich werden ließ. Weil ich nun zu den Erwachsenen zählte, durfte ich meine Lippen mit Likör benetzen.

Geschenke

In der Zeit bekamen wir Mädchen die ersten Aussteuerdinge geschenkt: Frottierhandtücher, Sammeltassen mit schon muffigen Pralinen und dicken Satinschleifen und Vasen. Blaue Hortensien und Begonien waren als Blumen üblich.

Es gab kaum ein Geldgeschenk. Von einer Tante erhielt ich eine wunderschöne Leinentischdecke, die leider in späteren Jahren wegen eines dicken Brandlochs ausrangiert werden musste.

Das Geschenk eines angeheirateten Vetters wurde süffisant belächelt und Bemerkungen zur Hochzeitsnacht gemacht. Denn in Seidenpapier eingewickelt lag ein lachsfarbenes Spitzennachthemd. Erst Jahre später verstand ich.

Ich war unerfahren, spürte aber, dass Vetter H. sich nicht wohl in seiner Haut fühlte und leider recht bald nach Hause ging. Vielleicht hatte er, ein attraktiver Mann, im Geschäft nach einem Geschenk für eine „junge Frau/Dame" gefragt.

Dieses Spitzennachthemd, mit kleinen runden Perlmuttknöpfen vom Hals bis zur Taille und fließendem fußlangen Unterteil, lag bestimmt vierzig Jahre in seinem Seidenpapier im Wäscheschrank. Es wurde nie getragen.

Zu dem goldenen Amethystanhänger meiner großen Schwester kaufte mein Mann mir zur Verlobung einen passenden Ring.

Eine Woche nach der Konfirmation erfüllte sich mein größter Wunsch: Die Zöpfe kamen ab, sehr zum Bedauern meines Umfeldes.

Kurze Zeit nach unserer Konfirmation hielt sich das Gerücht, man habe unseren Pastor an einem Ort angetroffen, der nicht mit seinem Amt als Pfarrer zu vereinbaren gewesen sei.

Das Gerücht hielt sich. Pfarrer mit Familie und Zwillingstöchtern, mit mir konfirmiert, wurden bald nicht mehr in unserer Gemeinde gesehen. Er soll in den Bethelschen Anstalten eine Funktionsstelle bekommen haben.

Teil II

Geschichte in Geschichten

GROSSVATER

Es geschieht meistens in der Vorweihnachtszeit zur gleichen Nachmittagsstunde, wenn der Tag in den Abend hinübergeht. Alle Fenster im Haus sind geschlossen, die Heizung zur vollen Leistung aufgedreht. Die Größe und Leere des Hauses droht mich zu erdrücken. Mein Gedächtnis arbeitet. Bilder kleben im Erinnerungsalbum, dessen Seiten sich langsam umblättern.

Ich sitze da und sehe die alten Szenen sich beleben. Großvater mit mir in der Wohnküche. Ein wohliges Gefühl schleicht sich ein.

Ich rieche das frische Holz, das er gerade in den Herd legte. Es knisterte und knackte. Durch die offene Ofentür ließ flackernder Feuerschein Kobolde und Hexen an Wänden und Decken herumtollen. Sie liefen über die Tapete und meine Augen hinterher bis ich schwindelig wurde. Die Glut fiel zusammen, und der Zauber erschöpfte sich.

Ich schmecke das Apfelstückchen auf der Zunge, das mir Großvater gab.

Bettelnd stand ich zu seinen Füßen, wollte auf den Schoß, seinen warmen, weichen Körper spüren, der mir Geborgenheit gab. Dann war ich nicht mehr allein.

Er wusste, was sich entwickeln würde. Meine Fingerchen gingen auf Entdeckungsreise. Sie tasteten sich den stacheligen Nacken hoch, glitten über die eine feste Rolle zu den kahl rasierten Stellen auf dem Kopf, die sich wie poliert anfühlten. Gleich würde Großvater mich erschrecken, wenn er ruckartig die Kopfhaut bewegte. Schnell zog ich die Finger weg, ballte eine Faust, und mir entfuhr dieses kleine ängstliche „Huch", das jetzt im Raum steht, hier bei mir im Wohnzimmer.

Schnell waren Zeigefinger und Daumen wieder am Kopf und auf dem Weg zu den Ohren. Sie befühlten die pelzige

Ohrmuschel, und es zog sie über den Irrgang in die Löcher hinein. Nicht zu tief, rief Großvater, das tut weh. Ich hielt die wenige Härchen zwischen den Fingerspitzen fest und Opa hatte Mühe, mich los zu werden.

Leise summe ich das Kinderlied vor mich hin: Der Mond ist rund, der Mond ist rund, er hat zwei Augen... – meine Stimme geht erwartungsvoll hoch, den letzten Ton halte ich, so lang meine Luft ausreicht. Doch wo ist Großvaters Gesicht, ich spüre es nicht mehr. Er gab vor, kitzlig zu sein und schüttelte sich zu meiner Freude so stark, dass ich fast von seinen Schenkeln glitt.

Um mich von den Erinnerungen zu lösen, gehe ich in die Küche. Mein Tee müsste fertig sein. In der Schrankecke steht ein leeres Einweckglas.

Die Erinnerung geht zurück an Großvaters Zähne, die nie im Einweckglas lagen.

Eines Tages musste es sein. Endlich wollte ich es wissen. Mit einem Ruck wollte ich ihm die Zähne herausreißen und nach dem Einweckglas fragen, in das sie abends vor dem Schlaf kämen. In den Wohnungen meiner Freunde hatte ich so etwas gesehen.

Meine Hände näherten sich vorsichtig seinem Mund. Großvater wollte mir gerade etwas sagen, da fasste ich nach den Schneidezähnen und zog kräftig an ihnen. Heraus wollten sie nicht. Opa begann ein vorgetäuschtes weinerliches Wehgeschrei, bis ich erschrocken nachließ. Es sind meine eigenen Zähne, sagte er stolz.

Beschämt rutschte ich über seine Knie auf den Boden. Komm nur her und fass sie an, meinte er beruhigend. Behutsam berührten meine Finger Großvaters Zahnreihen. Wie auf einer Perlenschnur aufgezogen standen sie dicht aneinander gereiht, und das bis zu seinem Tode.

Habe ich vielleicht die gesunden Zähne von Großvater geerbt? Ich kontrolliere sie in einem Spiegel. Nein, so schön wie Perlen sind meine nicht gewachsen, aber gesund.

Ich blicke in den Garten. Es hat angefangen zu schneien. Der erste Schnee dieses Winters hat den Rasen mit einem Hauch bedeckt. Ich könnte hinausgehen und mir mit der uralten Dreckschüppe aus der Küche eine Ladung ins Haus nehmen. So wie es Großvater damals für mich tat, damit ich mit dem ersten Schnee im Haus spielen konnte.

Niemand kann es verstehen, dass ich das mit weißer Emaille belegte Bleckstück aufbewahre. Gebrauchsspuren von vielen Jahrzehnten haben an den Rändern schwarze Zacken eingekerbt. Erst neulich erkannte ich, dass die Aufhängevorrichtung im Stil eine Herzform hat.

Eines Abends standen Großvater und ich am Fenster und blickten in die Dunkelheit. Eigentlich sollte ich schon im Bett liegen. Die Eltern waren nicht da, und wir genossen diese Augenblicke.

Schnee fiel und deckte die schwarzen Ascheflächen vor dem Haus zu. Morgens hatte man das riesige Loch zugekippt, das sich in der letzten Nacht vor unserem Haus wie ein Schlund aufgetan hatte. Das wird vom Bunkerbau kommen, die knappe Erklärung der Erwachsenen. Unser Treppenaufgang war weggerissen, und wir mussten über einen hölzernen Steg auf die Straße balancieren.

Große Schneeflocken klebten sich wie Sterne an die Fensterscheiben, bis sie zerflossen. Du ahntest meinen Wunsch, setztest deine Kappe auf und gingst mit der Dreckschüppe hinaus, etwas Schnee für mich zusammenzukratzen.

Zurückgekehrt, schobst du die Fußbank an den Spülstein und legtest die Kehrschaufel mit dem Schnee hinein.

Ich durfte mit bloßen Fingern im kalten Weiß spielen, kleine Bällchen formen, einen Tunnel bauen. Zu schnell schmolz die Schneeherrlichkeit dahin, zurück blieb ein Häufchen schwarze Asche.

Das Telefon reißt mich aus den Erinnerungsträumen. Ja, mir geht es gut, ich trinke gerade Tee ...

EIN TAG IM MAI

Eigentlich will er hier nicht hin. Viele Dinge von damals sind vergessen, aber diese Erinnerung hat sich in sein Leben eingekerbt. Ein Tag im Mai 1945. Er kann nicht vergessen. Seine Schritte treiben ihn zur Höhle.

Er blickt in das Loch, geht auf dem rutschigen Boden vorwärts, rümpft die Nase. Dieser Modergeruch hat ihn in der Kindheit nicht gestört, heute schnürt er ihm die Kehle zu. Gestein schimmert von der Feuchte. Da sind sie wieder, die Gold- und Silberadern der Kindheit. Hinter jeder Spalte eine Schatzkammer. Der dumpfe Klang von Wassertropfen irgendwo, fernes Hämmern von unsichtbaren Bergleuten. Manchmal, wenn ein schlechtes Gewissen plagte, schürte der Teufel in der Tiefe das Fegefeuer.

Der Mantel der Vergangenheit öffnet sich.

Damals war ein klarer warmer Maitag. Kein Wölkchen trübte den Himmel ein.

Alle Menschen sollten im Schutz der Häuser bleiben, schnarrte die Stimme im Volksempfänger.

Engländer im Anmarsch.

Das Vieh musste von der Weide geholt werden. Mutter lief los, ich verbotenerweise ihr nach. Mutter schrie, trieb mit der Gerte die Kuh vor sich her. Ich jagte meinen kleinen Schafbock wie sonst im Spiel.

Tieffliegerbrummen in der Ferne. Wir rannten auf dem kürzesten Weg zur Höhle in der Böschung, die die Wiese begrenzte.

Die Tiefflieger drehten ab.

Angstvoll starrten wir aus der Dunkelheit hinaus auf die Häuser hinter der Weide und unseren Hof.

Menschen liefen aufgeregt herum, versteckten Sachen im geheimen Hohlraum unter der Treppe, verscharrten etwas in der Erde. Türen und Fensterläden wurden verriegelt. Am Mast wehte ein weißes Laken als Fahne. Heftiges Gestikulieren zu uns hinüber. Vater hatte wohl beobachtet, dass wir in der Höhle Unterschlupf gefunden hatten. Auf einmal Ruhe, kein Mensch war mehr zu sehen.

Aus der Ferne herannahendes sanftes Grollen. Ein Gewitter hörte sich anders an. Panzer. Das Dröhnen von Panzergeräuschen rückt näher.

Hin und wieder Gewehrsalven aus verschiedenen Ecken. Männerstimmen, Frauen schreien. Ich zitterte am ganzen Körper, drückte mich an Fritz.

Mutter hielt mit der einen Hand krampfhaft den Halsriemen der Kuh. Die schmatzte neben uns in aller Ruhe, käute sabbernd letztes Gras nach. Ihr wedelnder Schwanz verjagte Fliegen, die mit ihr in die Höhle gekommen waren.

Ihre großen Augen glotzten uns an, ohne die Lider zuzumachen.

Fritz, mein Schafböckchen, drückte sich an mich, so dass wir beide auf den feuchten Boden niedersanken. Meine Hände zerwühlten die weiche fettige Wolle, sie suchten Halt. Mein verängstigtes Zittern übertrug sich auf das Tier.

Wir beide, Fritz und ich, konnten den Blick nach draußen nicht lassen. Das Innere der Höhle interessiert heute nicht.

Wieder rückte ein Schwarm orgelnder und gurgelnder Tiefflieger heran. Sie fegten dicht über die Dächer der Häuser hinweg. Es schepperte.

Angstmachendes Gewehrfeuer aus den aufgeklappten Fenstern der Maschine.

Fritz und ich drückten uns noch flacher an den Boden, Mutter vergrub ihren Kopf in der Schürze.

Vor uns auf der Weide ein Mann wie immer mit seinem kleinen schwarzbunten Hund. Es war der Nachbar von gegenüber. Er wollte sein Haus erreichen. Drei Schritte vorwärts, in eine Kuhle werfen, aufstehen, hinwerfen. Der Hund tänzelte fröhlich um ihn herum, bellte die Flieger an. Knatternde Schüsse aus der Höhe galten den beiden, gingen Gott sei dank ins Leere.

Der Flieger am Ende der Formation ließ seine Salve ab, rattattata, rattattata.

Die letzten Schüsse.

Sie klangen dumpf. Erdkrumen sprangen hoch. Die Flugzeuge drehten ab.

Der Mann blieb liegen. Das Hundebellen ging in Jaulen über, Winseln, verstummte.

Gelähmt saßen wir beieinander. Mutter sah mich an. Was sollen wir tun, fragten ihre Augen. Ich starrte sie an, zitterte. Mutter streckte ihre Hand aus, wollte mich trösten. Sie erreichte mich nicht.

Nach einiger Zeit der Stille ging sie, sagte, bleib du hier. Ich komme wieder, pass auf die Tiere auf. Ich hatte Angst um Mutter, den Nachbarn, den Hund, wimmerte vor mich hin. Eine Ewigkeit verging. Wo blieb Mutter?

Fritz rieb seinen Kopf in meinem Schoß.

Mutter kehrte zurück, wischte mit der Schürze Tränen ab, schüttelte den Kopf.

Ich drückte mich noch fester an Fritz. Schluchzend erzählte ich ihm, was geschehen war.

Er schüttelt den Mantel der Vergangenheit ab, geht ins Helle. Ein klarer warmer Maitag empfängt ihn.

KAFFEETRINKEN BEI TANTE HULDA

Kurzatmig stapse ich die letzten Sandsteinstufen hinauf, schwenke links herum zur volkskundlichen Abteilung, wische die Füße auf der imaginären Sisalmatte mit Feudel ab und trete in die gute Stube ein.
Angekommen.
Ein Geruch von Bienenwachs, in die Eichenbohlen gerieben, hängt im Raum. Sonnenstrahlen brechen sich in den runden Butzenscheiben des Erkers, in deren Bündel Staubsterne zu Boden segeln.

Ich sitze wieder auf dem Hocker in der Ecke und lasse meinen Blick an den Wänden entlang gleiten.
Fotos aus dem ersten Weltkrieg und vom Kyffhäuser Denkmal hängen schief. Die große Fläche über der Sofamitte füllt ein Gemälde im schlichten Ebenholzrahmen. Schwäne gleiten mit ihren Spiegelbildern über den Teich im Park, ohne einen Millimeter voranzukommen. Ein Bord mit weißen Porzellantänzerinnen füllt den Abstand zwischen Bild und Ledersofa. Heute stehen sechs Stühle um den Tisch. Die Lampenglocke mit flaschengrünem Stoff und schwarzen Fransen lässt den Tisch an ein Casinomöbel erinnern. Keine Veränderung.
Kein Geräusch von außen dringt hier hinein. Nur ein Kartzen des Fußbodens aus dem Nebenzimmer kommt näher.
An die Wand gelehnt sitze ich da mit geschlossenen Augen. So fühlt sich Kindheit an.
Tante Huldas und Onkel Heinis Wohnzimmer. Sonntagstreffen der Familie.
Wie gern ich mich daran erinnere.
Was gäbe ich dafür, noch einmal Onkel Hanns und Tante Anneliese zu begegnen. Ihnen zu danken.
Onkel Hanns mit kahl geschorenem Kopf und Glasauge. Heute würde er in der Normalität der Herrenmode kein Auf-

sehen erregen. Damals flüchteten Kinder weinend vor ihm zu ihren Eltern. Sie fürchteten sich vor der großen hageren Gestalt mit Glatze und Glasauge. Dabei steckte er voll Zuneigung zu ihnen, denn Tante Anneliese, seine Frau, konnte keine Kinder bekommen.

Mit immer neu erfundenen Spielen begeisterte er uns. Wir hingen an ihm wie Kletten, tollten durchs Haus und im Freien herum. Verlierer wusste er zärtlich zu trösten.

Tante Anneliese und Onkel Hanns hatten alles verloren, Heimat, Wohnung, Arbeitsplatz.

Sie kämpften gemeinsam mit Tante Meta und Onkel Rainer. Alle vier waren sich für keine Arbeit zu schade. Sie schufteten sechs Tage in der Woche. Die Männer versuchten berufsfremd im verhassten Bergbau Fuß zu fassen. Die Frauen quälten sich beim Bauern in der Ernte, um alle satt zu bekommen.

Sonntags bei Tante Hulda und Onkel Heini fühlten sie sich geborgen und schmiedeten Zukunftspläne. Eine neue Heimat sollte entstehen mit Doppelhaus und Garten.

Mahlen der Kaffeemühle dringt aus der Küche. Bald wird es nach Zichorienkaffee riechen, zum Sonntag mit einigen echten Kaffeebohnen gemischt. Tante Hulda wird den Marmorkuchen herein tragen. Die anderen Verwandten werden bald kommen.

Onkel Heini, vom Mittagsschlaf erwacht, schlurft in seinen Romika-Pantoffeln ins Zimmer, den Zwirbelbart noch unter der Binde gebändigt.

Wie oft hat dieser Mann seine Schlacht im ersten Weltkrieg erzählt. Wieder und wieder lässt er das Kampfgetöse seiner Soldaten aufleben.

Wer so brüllt wie er, hat seinen Krieg gewonnen.

Tante Johanna mit Vetter Hellmuth kommt. Gott sei Dank! Mit ihm kann man sich beim Halmaspielen messen.

Verwirrt starre ich den Besucher an, der durch Tante Huldas Wohnzimmer geht. Ich fühle mich ertappt.

Ein Knacken aus dem Lautsprecher über dem Kopf: „Wir bitten die Besucher, sich darauf einzurichten, dass wir in zehn Minuten das Museum schließen. Besuchen sie uns einmal wieder."

„Bestimmt", murmele ich vor mich hin.

LASST UNS FROH UND MUNTER SEIN

... und uns recht von Herzen freuen. Lustig, lustig, tralerale-la ...

Dieses Lied begleitete mich durch die Kindheit. Wir schmetterten es in der Vorweihnachtszeit aus voller Kehle. Als Lockgesang am Nikolaustag klang es verhaltener, schwoll erst zum Crescendo an, wenn wir den Heiligen Mann draußen mit seinen schweren Stiefeln stampfen und Knecht Ruprecht rumoren hörten. Vor Aufregung und auch Angst verloren wir die Melodie, und das Lied musste sich wie geschrieener Sprechgesang angehört haben.

Lasst uns froh und munter sein ... klang es später mehrstimmig im Blockflötenchor.

Ein lustiges Kinderlied, im 19. Jahrhundert entstanden, Textdichter und Komponist sind nicht bekannt. Es sagt uns aufmunternd voraus, dass es schöne Dinge als Geschenk gibt, und - das wird oft vergessen - dass man für die Gaben zu danken habe.

Erwartung – Erfüllung – Dank in wenigen schlichten Liedzeilen für Kinder zusammengeführt.

Wie schwer die Erfüllung der Wünsche damals, in der so genannten schlechten Zeit sein musste, begriff ich erst mit dem Heranwachsen.

Die Eltern schienen die Gabe zu haben, aus 50 lumpigen Pfennigen eine Mark machen zu können. Mutter konnte mit einer kleinen Dose Ölsardinen einen ganzen Stapel Brote beschmieren, die alle köstlich nach dem herrlichen Fisch schmeckten, obwohl man bei einigen Schnitten nichts mehr von ihm sehen konnte. Das eingesunkene Öl brachte den traumhaft fremden Geschmack.

In einem harten Jahr sagten die Eltern: Weihnachtsgeschenke wird es nicht geben, das Christkind kann nur zu ganz armen Kindern gehen.

Dann soll das ganze Fest ausfallen, weinte der kindliche Trotz!

Advent in den 40er Jahren. Es wurde früh dunkel, und der erst Schnee fiel. Abends brannte ein Kerzenstummel auf dem Tisch. Ich schmecke noch das Apfelstückchen, das mir Großvater reichte.

Die Zeiten schienen besser zu werden, denn Mutter sagte, ich solle mit Hilfe meiner großen Schwester einen Wunschzettel schreiben und auf die Fensterbank legen. Ich träumte von einem Puppenwagen, meine Freundin Marlies hoffte auf einen Roller. Wir wollten gemeinsam spazieren gehen und die Geräte natürlich tauschen.

Die Adventszeit schlich dahin, Nikolaus brachte einen knallroten Apfel und einen duftenden Stutenkerl. Aus dessen Pfeife ließ ich schillernde Seifenblasen aufsteigen. In der Bastelstunde schnitten wir Transparentsterne aus alten Schulheftdeckeln aus. Ich durfte Mutter beim Backen des Spritzgebäcks helfen. Alle bemühten sich, freundlich zueinander zu sein, es war Advent.

Für mich wuchs ein Problem, ich brauchte Geld für ein Geschenk an die Eltern. Sie rieben sich morgens ihre Hände mit einer Creme ein und rochen so wohlig. Es gab kaum Gelegenheiten, Geld für die Spardose zu verdienen. Die paar Pfennige, die im Sparschwein klimperten, reichten nicht aus, solch ein blaues Döschen im Seifengeschäft oder in der Drogerie zu kaufen.

Ich mühte mich, Geld zu verdienen, schleppte Taschen, holte Kohlen aus dem Keller und erledigte Einkäufe mit stundenlangem Stehen in der Schlange. Man freute sich über meinen Eifer und dankte es mir mit einem Bonbon. Die Spardose wurde nicht voller. Ein alter Nachbar erkannte meine

Sorgen und gab mir Aufträge gegen Bezahlung. Zwei Tage vor Weihnachten konnte ich eine kleine Dose Nivea Creme für 96 Pfennige kaufen. Ich umwickelte sie zu Hause mit verschiedenen Papieren, damit sie als Geschenk richtig was hergab.

Endlich war Heiliger Abend. Schon morgens wurde die Tür zur „Guten Stube" verschlossen. Nur Erwachsene durften gucken, ob das Christkind schon bei der Arbeit sei. Die Wartezeit bis zur Bescherung verging dadurch schnell, dass ich nachmittags in der Kirche dreimal hintereinander das Engelchen an der Krippe spielen durfte, das das Jesuskind beschützen musste.

Auf dem Rückweg von der Kirche schob ich schon in Gedanken meinen Puppenwagen und sprach mit meinem Puppenkind. „Bibbi" wollte ich es taufen.

Zu Hause angekommen, sagte Vater, komm nur schnell, das Christkind hat schon mit dem Glöckchen geläutet. Ich trat mit ihm in die „Gute Stube". In der Ecke stand auf der Nähmaschine ein kleiner geschmückter Weihnachtsbaum. Auf dem Boden … kein Puppenwagen.

Schau einmal hierher, rief Mutter, die ich vor lauter Aufregung noch gar nicht vermisst hatte. Was war das für ein weißes Ding auf niedrigen Tischchen? Schau einmal her, das Christkind hat eine Wiege gebracht. Eine Wiege hat nicht jeder.

Das stimmte, aber ich kann damit nicht auf der Straße spazieren gehen, dachte ich.

Plötzlich sah ich in den bunten Kissen eine Puppe liegen! Ich breitete meine Arme aus und drückte sie ganz fest an mich. „Bibbi", wie ich mich auf dich freue!

Eine richtige Puppe, die ich baden konnte. Ich konnte mein Glück kaum fassen.

Dass „Bibbi" „kriegsversehrt" war, ihr fehlte ein Auge und die Zehen am rechten Fuß, störte nicht. So liefen viele Menschen in der Zeit herum.

Langsam freundete ich mich mit der Wiege an. Man konnte sie richtig schaukeln, die Kissen aufschütteln, und am Fußende war eine wunderschöne Rose aufgemalt. Solch eine Wiege hatte bestimmt nicht jeder. Mutter hat Recht.

Singen, Essen, Gedicht aufsagen und erzählen, es wurde für dieses Jahr der schönste Heilige Abend, zumal sich die Eltern so sehr über die Dose Nivea freuten.

Am nächsten Morgen stand meine Freundin Marlies vor der Tür ... ohne Roller, sie wollte mich zum Spielen abholen. Sie hatte einen neuen Kaufladen vom Christkind bekommen. So groß ist der, zeigte sie mir, und breitete ihre Arme weit aus. Du kannst tausend Sachen bei mir kaufen! Erst musst du dir aber die Wiege ansehen und „Bibbi", meine neue Puppe.

Wir spielten die Weihnachtsferien über mit dem Kaufladen und der Wiege, wenn die Eltern uns nicht an die frische Luft geschickt hätten.

Meine Freundin Marlies bekam in dem Jahr eine große Uhr mit schwarzem Band, die sie stolz am Arm trug. Wenn man das Ziffernblatt dicht ans Ohr drückte, hörte man kein Ticken. Marlies behauptete aber, die Uhr wäre in Ordnung und ginge richtig, obwohl sich die Zeiger nicht weiter drehten. Ganz traute ich ihr nicht.

Mein Vater fragte Marlies einmal, wie spät es denn sei? Mit klugem Gesicht schaute sie auf das Zifferblatt und meinte, „Zweimarkfünfzig"! Die Erwachsenen lachten. Marlies und ich verstanden nicht, warum.

Mit dieser Begebenheit neckten wir sie noch etliche Jahre.

Damals, in der schweren Zeit, wie wir sie heute nennen, hatten wir alle nicht viel. Manche waren arm und ausgehungert. Wir freuten uns über noch so kleine Geschenke. Wir waren dankbar, Lichtblicke im harten Lebensalltag zu finden.

GEZÄHEKISTE

So wie ich die Zweige vor Wochen mit großer innerer Freude geschmückt hatte, erfasste mich jetzt Wehmut, als der Baum, grün und kahl in seiner ganzen Größe, bis zur Zimmerdecke hinauf vor mir stand. Er würde mir für einige Tage fehlen, bis sich das Auge wieder an den freien Platz gewöhnt hatte.

Sorgsam verpackte ich die Strohsterne, goldenen Kugeln und Lichter in die Schachteln und brachte den Stapel in den Keller. In der braunen Kiste würden sie auf das nächste Weihnachtsfest warten dürfen.

Die „Braune Kiste" kennen alle in unserer Familie. Sie steht seit Beginn unseres eigenen Hausstandes im Keller. Langsam füllte sie sich mit Weihnachtsdekoration, daneben verschiedene Masken, Hüte, Brillen, Indianer oder Cowboy Kostüme für die Karnevalszeit, und am rechten Rand liegt der Osterschmuck.

Für mich ist die „Braune Kiste" aber nicht nur Aufbewahrungsort. Für mich ist sie eine Schatztruhe. Leider ist sie in ihrem braun angestrichenen Bretterkleid und flach eingelassenem Deckel zu schlicht, ja fast primitiv, um in der Wohnung oder Diele zu stehen.

Die Kiste hatte ich mir beim Auszug aus meinem Elternhaus erbeten. Es waren sinnbildlich meine Wurzeln, die ich mit mir wegtragen und als Erinnerung bei mir behalten wollte.

Ich werde nie den Tag vergessen, an dem mein Vater die Gezähekiste auf einem Wagen nach Hause brachte. Wir alle mussten anfassen, um sie über die gewendelte, enge Treppe in den Keller zu bugsieren. Er setzte sich erschöpft auf die Kiste und sagte: „Mit der Arbeit Untertage ist jetzt Schluss", und sackte förmlich in sich zusammen.

Die Bedeutung dieser Worte konnte ich erst in späteren Jahren begreifen. Mein Vater war von Krankheit gezeichnet.

Die schwere, gefährliche Arbeit im Bergbau mit Wechselschicht hatte ihre Spuren hinterlassen. Er konnte nur noch „Übertage" im Labor zur Kontrolle der Wetterproben eingesetzt werden. „Wetter", so wird die Grubenluft von den Bergleuten genannt. Die neue Arbeit war innerhalb der Benzolanlage und in unmittelbarer Nähe der Kokerei auch nicht gesund, aber erträglich und verband ihn mit dem Bergbau. Mein Vater konnte jeden Tag durch dasselbe Zechentor gehen wie seine Kumpel von Untertage. Das war ihm wichtig. Und er trug mit seiner präzisen Arbeit zu deren Sicherheit bei.

Manchmal trafen wir uns im Keller, oder mein Vater rief mich zu sich, ihm Gesellschaft zu leisten. Dann saß er Pfeife rauchend auf der Gezähekiste, und er erzählte mir, dass Rauchen wegen der Explosionsgefahr Untertage strengstens verboten sei. Ich schwang mich neben ihn und schmiegte mich an. Es folgten Geschichten aus seinem Arbeitsrevier an der Strecke, an der die Kiste einst gestanden hatte. Wenn ich ganz mutig war, drehte ich sogar das Licht aus, um die Dunkelheit in der Grube nachempfinden zu können.

Ich erfuhr, dass die Bergleute ihr Werkzeug, das Gezähe, z. B. Abbauhammer, Schlauch, Grubenbeil, Säge usw. in der Kiste aufbewahrten. Sie stand an der Strecke, an der sie im Streb arbeiteten, und wurde immer weiter mit fort getragen.

Zur Butterpause setzten sich die Männer, schon vom Kohlenstaub schwarz geworden, auf die Kiste und aßen ihre Brote. Die Flammen in den Grubenlampen hatten sie ausgemacht und an den Stempeln aufgehängt. Wenn sie gut gelaunt waren, erzählten sie derbe Witze oder Weibergeschichten und schlugen sich lachend die Hände auf ihre Schenkel.

Wenn der Steiger nicht in der Nähe war, versuchten sie eine Mütze Schlaf zu nehmen. Einer schob Wache, damit sie nicht vom Steiger erwischt wurden. In Gedanken ihren Lohn ausrechnen, nannten sie scherzhaft die kleine Sünde.

Das vereinbarte Tagewerk im Streb musste erbracht werden, darauf bestand der Strebmeister, und mit der Meterlatte würde der „Rutschenbär" die geleistete Arbeit messen und für die Lohnberechnung notieren, dem „Gedinge", wie der Akkordlohn hieß.

Am liebsten hörte ich die Geschichten, wenn die Bergleute auf der Gezähekiste sitzend sich über die kleinen Mäuse freuten, die es mit den Holztransporten im Förderkorb bis in die Grube geschafft hatten. Vorsichtig in possierlichen Bewegungen näherten sie sich den Bergleuten, bettelten um Brotkrumen. Was sollten sie sonst auch sechshundert Meter tief in der Erde zu fressen finden. Jeder Bergmann achtete nach der Pause darauf, dass die Email- oder Aluminiumbutterdose ja fest verschlossen war. Denn auf die Überraschung, eines von Mäusen angefressenen Brotes konnten sie verzichten. Sie gaben lieber freiwillig etwas her.

Einige ganz freche Mäuse ließen sich vom First am Schießdraht hinunter gleiten, bis sie an die frischen Butterbrote gelangten.

Dieser Schießdraht diente als Zündleitung für Sprengungen. Ich kann mich noch genau erinnern, dass russische Zwangsarbeiter daraus filigrane Puppenmöbel flochten. Dieses Spielzeug war unter uns Kindern sehr beliebt. Die „Russen" gaben es gern für zusätzliche Butterbrotpakete, denn sie litten großen Hunger.

Gruselig wurde es, wenn mein Vater aus irgendwelchen Gründen allein an der Strecke auf der Gezähekiste saß. Er hörte das Holz der Stempel unter dem Druck des Berges ächzen und knarren.

Einmal lief unter Krachen und Bersten ein Flöz wie von Geisterhand aus. Die Strecke füllte sich mehr und mehr mit

Kohle. Staub wirbelte auf und erstickte fast den Atem. Jetzt hieß es nur noch aus der Gefahrenzone weg und um das nackte Leben rennen, bis sich der Berg wieder beruhigt hatte. Dann erst konnte der Schaden begutachtet werden.

Nicht immer war eine Gefahr rechtzeitig zu erkennen. Angst durfte man Untertage nicht zulassen. Wenn sie herauf kroch, wurde sie weg geschoben. Am besten war, nicht darüber nachzudenken.

Angst, Dunkelheit, Einsamkeit und manchmal auch Hitze mussten ertragen werden. Schwer vorstellbar, die vielen Tausend Tonnen Gestein über einem zu wissen. Es galt nur arbeiten und beten, dass alles gut geht.

Jeden Tag war mein Vater dankbar, wenn er schwarz, wie die Nacht, das Tageslicht wieder sah. Mutter wartete immer schon auf ihn an der Verandatür und empfing ihn glücklich.

Über die Sorgen, die der Bergmannsberuf mit sich brachte, wurde vor uns Kindern nicht gesprochen. Erst später reimten wir uns so manches zusammen.

Fast liebevoll verstaute ich die diesjährige Weihnachtsdekoration in der „Braunen Kiste", der Gezähekiste[*] aus dem Bergbau, meiner geheimen Schatztruhe.

Mit ihr und in ihr sind viele Erinnerungen an fröhliche Feste und Feiern verbunden.

Ganz allein für mich bewahrt sie auch das Gedenken an meinen Vater.

---

[*] Die Gezähekiste ist bei der Hausauflösung in das Industriemuseum Zollern II gekommen.

SAUPECH*

Über das Schweinschlachten in der Kindheit zu erzählen ist schwer, weil ich mich an bestimmte Abläufe nicht mehr genau erinnern kann.

Eine Begebenheit aus der Zeit kann ich bis heute nicht vergessen.

In der kalten und dunklen Jahreszeit bereitete mein Vater, wenn er Frühschicht hatte, abends den Eimer mit dem Schweinefutter vor, so dass Mutter die Masse nur noch mit heißem Wasser anzurühren hatte. Das tat sie aus praktischen Gründen mit der bloßen Hand. Sie kannte die Zutaten, Kartoffelschalen, frisch geschnittenes Grün und Sauerrahm.

Eines Morgens weckte mich ein gellender Schrei auf. Mutter stand leichenblass im Zimmer und bat, am ganzen Körper zitternd, mit ihr hinunter zu kommen. Sie habe sich fürchterlich erschreckt.

Ich stolperte ihr schlaftrunken über die Stufen hinunter nach. Auf dem überdachten Hof, zeigte sie angewidert zum Futtereimer. Der lange, glatte Schwanz einer Ratte hing über dem Eimerrand. Mich ekelte und ich bekam Angst, wollte wieder ins Haus. Mutter hielt mich am Arm fest. „Der Dieb ist beim Überfressen ersoffen."

Wir beide trugen den Eimer in den dunklen Garten, holten mit einer Hacke die Ratte aus dem Fressen und schleuderten sie auf den Acker. Bei Tageslicht sollte sie vergraben werden.

Das Schwein im Stall hörte uns hantieren und grunzte erwartungsvoll. Die Mahlzeit an diesem Morgen war nicht so üppig wie gewohnt. Das Hin-und-Hergeschiebe des Fressens im Trog und das genussvolle Schmatzen beruhigte.

---

* Saupech: Pulver, mit dem geschlachtete Schweine bestreut werden, deren Borsten durch Rütteln über einem Kettenrost abfallen

Uns war der Appetit auf das Frühstück vergangen.
Den Tag über kam Mutter immer wieder auf das Erlebnis mit der toten Ratte zurück. In Erinnerung schüttelte sie sich entsetzt und wurde kreidebleich, obwohl doch alles überstanden war. Eine Beleuchtung auf dem Hof müsse her, mahnte sie Vater.

Das „Schlachtfest" rückte näher, die Vorbereitungen abgeschlossen. Eimer, Schüsseln, Weckgläser standen gespült mit neuen Ringen bereit und die schönen tönernen Töpfe von Oma. Zum ersten Mal sollte Wurst auch in Dosen abgefüllt werden. Acht Tage musste Wasser das Pökelfass aufquellen.
Auf dem Fensterbrett standen Gewürze in Reih und Glied, neuer starker Bindfaden lag daneben, und Vater hatte sogar einen klaren Schnaps organisiert. „Damit der Metzger die Wurst gut abschmeckt", meinte er lachend.
Die stabile Leiter, auf der das tote und aufgeschnittene Tier über Nacht abhängen sollte, lehnte an der Mauer, die Abdecktücher hingen griffbereit daneben.
Ob auf dem überdachten Hof oder doch lieber im Keller gewurstet werden würde, sollten der Fleischer oder das Wetter am nächsten Tag entscheiden.
Im Keller wären die Wege kürzer und die neugierigen Nachbarn ausgeschlossen.
Wie in jedem Jahr transportierte der Fleischer seine Gerätschaft auf einem Fahrradanhänger. Bedächtig lud er alles ab, zog seinen hellen Köperanzug an, setzte seine Kappe auf, band den Gurt um, an dem er Messer verschiedener Größe, Schleifstab, Haken und Glocke hängte.
Mit der Bemerkung: „So, nun wollen wir uns mal das gute Stück ansehen", ging er in den Stall. „So ein schönes Tier! Das ist viel zu schade zum Schlachten." Unsere Schweine wuchsen hoch und waren schneeweiß vom guten Grünfutter aus dem Garten und dem Sauerrahm, den Vaters Bruder aus

der Molkerei gegen einen Schinken beisteuerte. Es gab keine weiteren Diskussionen, das Schwein musste weg. Futter wurde knapp, und wir wollten auch einigermaßen in der schlechten Zeit durch den Winter kommen.

Ich wusste, wie es weiter gehen würde, verschwand im Haus und versteckte mich in der äußersten Ecke meines Zimmers. Ich begann zu singen und hielt mir die Ohren zu. Das Quieken und Grunzen des Schweins aus Todesangst vor dem erlösenden Schuss wollte ich mir ersparen. Vor den rumpelnden Bewegungen des sterbenden Tieres hatte ich Angst.

Die Tür flog auf, Vater stürmte herein. „Komm, Blut rühren." Er fasste mich kurz und kräftig am Ärmel. Es gab kein Entrinnen. Ich hockte neben dem toten Schwein. Vater ergriff meine rechte Hand und steckte sie in einen Eimer Blut. „Spreiz die Finger und rühr. Rühr kräftig und schnell, schlage das Blut, es darf nicht gerinnen." Verstohlen wagte ich einen Blick auf das schöne Tier. Der Metzger kniete im Schulterbereich auf ihm und pumpte mit gleichmäßigen Bewegungen das Blut aus seinem Körper. Vater fing es seitlich in einer Schüssel auf, bis es nur noch tröpfelte.

Ich schaute in den Eimer, sah das helle Blut, das große Luftblasen warf, spürte, wie sich um meine quirlenden Finger Fäden zogen. Das Blut war warm und roch…nach Blut. Die Fäden erschwerten das Schlagen. Mich ekelte. Fast benommen schlug ich das Blut, wie befohlen. Die Luftblasen fielen in sich zusammen. Die Fäden lösten sich wie von selbst von den Fingern. Das Blut erkaltete. „Du kannst aufhören, du bist fertig". Das war ich auch. Nichts wie weg. Hände und Arme mit Kernseife scheuern. Später lobte mich Vater vor allen als braves und tapferes Mädchen, auf das man sich verlassen könne.

Die Neugier trieb mich zum Geschehen auf den Hof zurück. Unser schönes Schwein lag jetzt im Brennertrog und wurde mit kochendem Wasser übergossen. Der Metzger begann mit der Fleischerglocke ihm in schnellen Bewegungen die Borsten ab zu schaben. Friedlich und rosig lag es wie in einer Badewanne.

Beim Festbinden an der Leiter und Aufschlitzen suchte ich abermals das Weite. Die Gedärme stanken entsetzlich. Gründlich gereinigt würden sie am nächsten Tag mit Wurstteig gefüllt.

Meistens kamen zu diesem Zeitpunkt die ersten Nachbarn wie zufällig um die Ecke, um das Schwein zu beurteilen. Die Höhe des Specks und die Dicke des Schinkens waren in der damaligen Zeit wichtig. Wie ein Ritual schenkte Vater allen einen klaren Schnaps ein, denn für den ersten Tag war die Arbeit beendet.

Vater würde auf der Veranda auf dem alten Kanapee in der Nähe des Schweins nächtigen müssen.

Am nächsten Morgen konnte das Abhängen und Zerlegen des Tieres erst begonnen werden, wenn der Trichinenbeschauer Günter Matthebel seine blauen Stempel auf dem Tier verteilt hatte. Im normalen Beruf war er Klempner, und ich kannte ihn nur im blauen Drillichanzug. Der Tätigkeit des amtlichen Trichinenbeschauens verlieh er besondere Wichtigkeit durch glatte Rasur an dem Tag und einem fast weißen Kittel.

Aus verschiedenen Stellen des Fleisches schnitt er kleine Stücke heraus und legte sie unter viereckige Glasscherben. Manchmal durfte ich durch das Mikroskop sehen, fand aber keine Trichinen. „Das ist gut so", meinte er trocken. Ehrlich, ich hätte gar nicht gewusst, wie sie auszusehen hätten.

Ob mit den zerkratzten Scheiben des Mikroskops je Trichinen gefunden wurden, bezweifele ich heute.

Alle waren froh, dass das Schwein gesund war. Der Beschauer klatschte an mehreren Stellen der Schwarte blaue Stempel ... und unter Gelächter der Erwachsenen auf meinen Handrücken.

Die Bezahlung erfolgte sofort in bar, und ein gutes Stück Fleisch durfte Herr Matthebel als Zugabe mitnehmen. Das war so üblich.

Für mich kamen spannende Minuten. Der Metzger holte schwungvoll mit seinem Beil aus und trennte entlang der Kotelettreihe das Schwein in zwei Hälften. Würde er es schaffen, ohne die Sprossen der Leiter durch zu trennen?

Bei jedem Schlag wartete ich darauf, dass sie sich teilen und zur Seite neigen würde. Vergeblich. Sie blieb heil, wie in jedem Jahr.

Es gab für den Metzger und die Eltern viel zu tun. Mich schickten sie hin und her. Bring die Schüssel in den Keller, hol den Eimer vom Hof, du kannst den Fleischwolf drehen usw.

Das ganze Haus roch nach Gewürzen, dem Kochen der Würste, dem puren Fleisch, dem Auslassen des grünen Specks für Schmalz.

Eine wichtige Aufgabe durfte ich erledigen: den Nachbarn in Kannen ihren zugedachten Anteil an Wurstbrühe bringen. Sie warteten schon darauf und freuten sich, wenn Stückchen Wurst oder Fleisch obenauf schwammen. „Auf keinen Fall erzähl, wie viel Würste wir gemacht haben und wie schwer das Schwein schätzungsweise war. Das braucht niemand zu wissen", ermahnte mich Vater.

Ich verstand das alles damals nicht, befolgte aber Vaters Anweisungen, auch wenn man mich noch so sehr in Fangfragen zu verstricken suchte.

Wenn ich mich konzentriere, habe ich die Gerüche des Schweinschlachtens noch in der Nase, sehe den fettigen Dampf über dem Wurstkessel, den Schinken in der Lake im Pökelfass.

Keine gekaufte Blut- oder Leberwurst schmeckt heute so gut wie damals die eigene von unserem Schlachtfest.

Gepökeltes Eisbein zum selbst eingelegten Sauerkraut oder herzhafte Sülze später im Winter zu Bratkartoffeln waren ein

Festessen. Die Schmalzschnitte mit knuspriger Kruste schmecke ich noch.

Vielleicht war es der Hunger, der das Essen zum Erlebnis der Sinne machte.

ESEL ECKEY

Margret Eckey beendet Ära, traditionsreiche Gaststätte „Esel Eckey" ist ab sofort geschlossen, so steht es schwarz auf weiß in der Tageszeitung. Es stimmt, dass dieses Ausfluglokal in den Sommermonaten vor allem das Ziel von Ausflüglern war, die nicht aus Schwerte kamen.

Ich habe Erinnerungen an dieses Haus, die weit in die Kindheit zurück reichen. Es muss in den späten vierziger Jahren gewesen sein, als man begann, die schlechte Zeit abzustreifen und sich kleine Vergnügungen gönnte.

Anders kann ich es mir nicht erklären. Meine Eltern erlaubten mir zu meiner großen Überraschung, einen Ausflug nach „Esel Eckey" mitzumachen.

Es war das erste Mal, einen Tag mit fremden Leuten verbringen zu dürfen. Wenn ich es richtig erinnere, hatten sich Menschen aus unserem Ortsteil als Wandergruppe zusammen getan. Man wollte von Dortmund - Dorstfeld nach Schwerte fahren.

Es ist nicht so weit, bemerkte Vater. Das Lokal liegt am Schwerter Wald, kurz hinter der Stadtgrenze.

Ich brauchte einige Groschen für die Straßenbahn und einen kleinen Verzehr. Geld für nicht notwendige Dinge auszugeben, war in der damaligen Zeit ein schwieriges Kapitel.

Meine Eltern kannten die Umgebung Dortmunds gut. Sie hatten in der ersten Zeit ihrer Verliebtheit gern Ausflüge zu Fuß unternommen. Bis zur Hohensyburg und zur Fünfzigpfennigwiese, bekräftigte mein Vater. Noch eine merkwürdige Bezeichnung, unter der ich mir nichts vorstellen konnte. Das Kaiser Wilhelm - Denkmal auf der Hohensyburg war auf einer Ansichtskarte zu sehen, aber die Fünfzigpfennigwiese?

Während der Woche fieberte ich dem Sonntag entgegen. Wie wird das Wetter sein, wer fährt mit, was darf ich anziehen? Fragen, die sich bis heute nicht geändert haben. In der schlechten Zeit gab es mit der Bekleidung Probleme. Meistens musste ich Kleider meiner acht Jahre älteren Schwester nachtragen, die mit geringen Mitteln modisch verändert wurden. „Das ziehe ich auf gar keinen Fall an" gab es nicht.

Schönes Schuhwerk für den Sonntag zu haben, war mein größter Wunsch. In der Schule trug ich hohe braune Schnürschuhe, die vorn mit Watte ausgestopft waren, weil ich noch in sie hinein wachsen sollte. Beim Spielen tobten wir Sommertags barfuss herum.

Einen Ausflug machen in braunen hohen Schuhen? Wie sah das aus? Wie müsste ich im Wald auf Steine und Wurzeln achten, um nicht vorne am Oberleder hässliche helle Schrammen zu bekommen.

Einige Kinder aus der Nachbarschaft trugen jeden Tag Halbschuhe. Wir waren neidisch auf sie.

Ich bemerkte, dass meine Eltern miteinander tuschelten. Offenbar verbargen sie ein Geheimnis vor mir. Endlich, ich glaube es war freitags, standen grüne Halbschuhe aus rauem Leder an meinem Platz. Ich war sprachlos. Vorsichtig fuhr ich mit dem Zeigefinger über die Oberfläche. So etwas hatte ich noch nie gesehen.

Wildleder, sagte mein Vater, etwas ganz besonderes. Ich nahm die Schuhe in die Hand, beguckte sie von allen Seiten und zog sie an. Sie passten genau! Zum ersten Mal hatte ich Schuhe, in die meine Füße nicht noch hinein wachsen mussten. Vorsichtig ging ich einige ungelenke Schritte mit ihnen. Es war ein merkwürdiges Gefühl. Die Knöchel waren frei und mussten sich allein halten.

Voller Stolz guckte ich von oben auf sie hinab. Aber was sah ich? In der ersten freudigen Erregung hatte ich es nicht bemerkt! Die Schuhe passten zwar wunderbar am Fuß, aber farblich nur ungefähr zueinander. Auch in der Machart waren sie verschieden.

Der linke Schuh, flaschengrün, hatte einen Reißverschluss, an dessen Ende fransige Troddeln baumelten. Der rechte erschien mir in der Farbe etwas heller, eher moosgrün, und hatte als Schließe eine silberne Metallschnalle.

Das ist der letzte Schrei, munterte mich Vater auf, alle Kinder werden dich um die Wildlederschuhe beneiden.

Der Samstag wollte nicht vergehen. Endlich war Sonntag. Mutter steckte Butterbrote in meine Schultertasche und gab mir einige Groschen. Wozu brauche ich Geld? Für ein Glas Milch, so Mutter. Zweifelnd fragte ich, Milch von einem Esel? Nein, von Kühen. Das Ausflugslokal heißt nur „Esel Eckey".

Mit einer letzten Ermahnung: Geh gerade! Hast du auch ein Taschentuch? Lauf nicht so schnell, wurde ich zum Treffpunkt entlassen. Und wie ich mit meinen grünen Halbschuhen und blütenweißen Baumwollkniestrümpfen bestaunt wurde! Ich war stolz auf die neue Errungenschaft. Endlich war ich sonntags so wie die anderen Kinder angezogen. Endlich!

Mit der Straßenbahn fuhren wir bis zur Weiche in Dortmund-Berghofen und marschierten gut gelaunt durch den Schwerter Wald, von dessen Ende das Fachwerkgebäude „Esel Eckey" inmitten einer grünen, hügeligen Landschaft zu sehen war.

Wie der Tag genau verlief, weiß ich nicht mehr. An das Glas Kuhmilch erinnere ich mich. Das Glas war sehr groß, wahrscheinlich ein Bierglas. Die Milch schmeckte erfrischend.

Wir Kinder tollten ums Haus herum und machten Ballspiele. Einmal hopste ein Ball über das Gatter der Weide, auf der bis zu unserer Ankunft noch Kühe gegrast hatten. Einige von uns kletterten über den Zaun, um ihn zurückzuholen. Vor Eifer hörten wir nicht die warnenden Rufe der Erwachsenen. Jeder von uns wollte zuerst am Ball sein. Flink lief ich über das feuchte Gras, ohne Rücksicht auf die neuen grünen Wildlederschuhe. Hätte ich nicht diesen Spagat durch den grünen Brei gemacht, wäre ich Sieger im Wettrennen geworden.

Mit verrenkten Gliedern lag ich im noch warmen Kuhfladen am Boden und konnte nicht allein aufstehen.

Herzliches Lachen ringsherum, kein Spott. Eine Frau kam und half mir behutsam auf. Mit Grasbüscheln versuchten wir, die Schuhe zu reinigen. Es gelang ihr, die Kniestrümpfe irgendwo auszuwaschen. Es fiel gar nicht auf, dass ich barfuss herumlief, denn andere Kinder hatten sich ebenfalls Schuhe und Strümpfe ausgezogen. Wir waren es so gewohnt.

Bis zum Aufbruch war das kleine Unglück fast vergessen.

Mit aller Kraft versuche ich, mich an die Rückkehr zu den Eltern und deren Reaktion auf mein Missgeschick zu erinnern. Mir gelingt es nicht.

Erst jetzt, beim Schreiben, wird mir bewusst, dass für mich mit diesem Erlebnis schon damals die Ära „Esel Eckey" endete. Seit über dreißig Jahre wohnen wir in nächster Nähe des Lokals. Der Weg dorthin war für mich offenbar immer zu schwer. Auch meine vier Kinder mussten auf das Ausflugsvergnügen verzichten.

KUGELN

Ich stelle das graue Gefäß aufs Fensterbrett. Ein bleierner Winterhimmel bildet die Kulisse.

Ton in Ton, denke ich, bis Umrisslinien eine Kugelform markieren. Oben und unten abgeflacht. Auf der Lichtseite zerfließt das Grau des Gefäßes mit den Himmelsfarben, schattseitig wirkt die marmorierte Oberfläche dunkler.

Es steht mit seiner unteren Abflachung fest auf dem Bord und oben ist die Öffnung, von der der Blick ins Innere gelockt wird. Mein Finger fährt nicht kreisrund, sondern leicht oval über den Rand der Öffnung. Wie schützend lege ich beide Hände um die Außenhaut der gekrümmten Oberfläche und ertaste am Äquator eine Wulst. Doch II. Wahl? Industrieabfall?

Die Glasur lebt unter der Berührung auf. Dellen wecken Erinnerung an Kindheit und Jugend, die mir erst jetzt bewusst werden.

Beim Ansehen von Fotos vergangener Jahre hatte ich die Vase entdeckt, üppig gefüllt mit Sonnenblumen und Astern. Hatte ich sie in die kleinere Wohnung mitgenommen?

Oben, hinten, in der äußersten Ecke des Besenschrankes fand ich das Gefäß. Wie hätte ich es auch wegwerfen können, die Kugel, die auf ungewöhnliche Weise Anfang der fünfziger Jahre ins Elternhaus gekommen war? Wahrscheinlich war ich die einzige, die sich an sie erinnern konnte.

Neben dem Elternhaus eine kleine Trinkhalle, heute Kiosk, günstig gelegen in der Wohngegend und nahe von Schule und Sportanlagen. Die Einnahmen sollten helfen, die durch Vaters Krankheit schmale Haushaltskasse aufzubessern. Der Einsatz der gesamten Familie war gefragt. Kundschaft waren Nachbarn, Zuschauer zum Training und zu den Spielen und Kinder. Im Angebot: Süßwaren, später auch Hefte, Tabakwaren und Getränke.

Vertreter kamen, nahmen Bestellungen auf, und einige Tage später wurde die Ware ausgeliefert. An Herrn Helfenbein, den Süßwarenvertreter und -lieferanten, kann ich mich genau erinnern. „Süßwaren Helfenbein", eine Einmannfirma im Aufbau. Der Chef, eine feingliedrige Gestalt, war stets korrekt gekleidet. Anzug, Hemd, sogar Krawatte, und darüber bei Bestellungen einen Staubmantel, bei Warenauslieferung einen grauen Kittel.

Eines Tages schlug er Mutter eine sensationelle Geschäftsidee vor. Fünfhundert bunte Kaugummikugeln zum Verkaufspreis von je fünf Pfennigen und als Zugabe eine graue Kugelvase für den Hausgebrauch. Ein Geschenk.

Mutter zögerte, Vasen für die Blumen aus dem Garten waren ausreichend vorhanden, aber das Gefäß war formschön und in der Farbe neutral. Vielleicht konnte man es bei Gelegenheit weiterverschenken.

Fünfhundert Kaugummikugeln mit einer Lieferung und sofort zahlbar? Wie sollte sich eine solch große Menge verkaufen lassen? Fünfhundert Stück.

Durch die stationierten amerikanischen Soldaten und Hilfspakete waren die feinen Kaugummistreifen bekannt geworden. Kaugummi in Kugelform war neu. Es sollte besonders elastisch und extra dafür entwickelt worden sein, ballonartige Gebilde aus dem Mund zu blasen. Ein großer Kinderspaß, hieß es. Bubble-Gum der richtige Name, den bis dahin niemand kannte.

Da es sich um ein kurzfristig begrenztes Angebot handelte, unterschrieb Mutter die Bestellung, und unmittelbar danach standen die bunten Kaugummikugeln in Bonbongläsern auf der Verkaufstheke.

Schnell hatte sich die Neuheit herumgesprochen. Kinder hingen wie Trauben am Schalter, reckten saubere oder verdreckte Hände mit dem Fünfpfennigstück entgegen. Jeder wollte als erster die harte Kugel in den Mund schieben und mit Speichel zu geschmeidiger Masse zerkauen. Sie pressten große Blasen aus dem Mund, Kugeln, die bis zur Nasenspitze reichten. Kugeln, die sich blähten und unter dem Gejohle der Zuschauer platzten. Der Fünfpfennigartikel brachte reißenden Umsatz.

Wie viel mal fünfhundert Stück verkauft wurden, weiß ich nicht mehr.

Die Kugelvase gab es nur zur Einführung.

Bald sah man an Häuserwänden Kaugummiautomaten als Konkurrenz der Verkaufsstellen, die später auch mit Kleinartikeln wie Plastikohrringe, Schlüsselanhänger und winzige Taschenmesser gemischt wurden.

Für mich als Kind waren natürlich auf Anordnung der Eltern alle Artikel aus der Trinkhalle tabu.

Meistens hielt ich mich daran, nur bei Lakritzsilberlingen und den bunten Kaugummikugeln konnte ich nicht widerstehen. Zu groß war die Verlockung. Die Vorliebe zum Lakritz in jeglicher Form ist geblieben.

Die Vase und die bunten Kugeln brachten sich im Physik- und Chemie- wie im Erdkundeunterricht allein in Erinnerung. Aus den Kaugummikugeln wurden Neutronen, die den Atomkern, die Vase, umkreisten, Planeten umgaben sich mit bunten Monden.

Die Trinkhalle ist seit Jahrzehnten geschlossen.

Überlebt hat die Kugelvase.

Nie fand sie im Schrank ihren Platz zwischen den „guten" Kristall- und Porzellangefäßen, wurde auch selten für Blumen genutzt. In irgendeiner freien Ecke stand sie herum, leer oder mit gebrauchten Bindfäden im kugeligen Bauch.

Sie war kein Geschenk zu einem bestimmten Anlass oder von einer Person, die man mit ihrer Entsorgung beleidigen könnte. Und obwohl sie nicht pfleglich behandelt wurde, machte sie sich nicht durch Hinfallen überflüssig, wie so manch anderes wertvolles Erinnerungsstück.

Ein Makel haftete an ihr, ein „Umsonst", ein „II. Wahl", „Dazubekommen".

Das alles änderte sich, als ich von den Eltern die Vase als Erinnerung an Kindheit und Jugend für den eigenen Hausstand erbat. Von da an durfte sie mit anderen Gefäßen eine Galerie im Wohnungszimmer zieren, als Gleiche unter Gleichen. Man wählte sie öfter wegen ihrer guten Standfestigkeit für größere Blumensträuße aus.

Das neutrale Grau der Glasur brachte die bunten Blüten gut zur Geltung.

Heute steht die Kugelvase auf dem Fensterbord gegen einen bleiernen Himmel, aus dem eine Wintersonne, dick und rund, hindurch zu brechen versucht.

CARA ANGELICA

Liebe Angi, kleines Mädchen, wie geht es Dir? Was ist aus Dir geworden? Bist Du glücklich?

Heute Abend unterhielt ich mich mit einem ägyptischen Eisverkäufer am Trevi-Brunnen. Plötzlich sagte er zu einer Kundin: „Guten Abend, Angelika!" Die Frau drehte sich überrascht um und suchte den Mann, der sie angesprochen hatte. Lachend reichte ihr der Eisverkäufer das gewünschte Hörnchen und zeigte auf ihre Kartusche an der Halskette. „Du nicht Angelika?" „Ja, ich bin Angelika", lachte sie zurück und verschwand.

Ich glaube, es war ihr helles Lachen und die himmelblauen Augen, die mich an Dich erinnerten.

Wie lange ist es her, dass Du mir freudig entgegen gehüpft kamst, um Himmelblau-Kugeln bei mir zu kaufen? Dreißig Jahre? Mehr? Ich kann mich nicht erinnern. Nein, ich habe Dich nicht vergessen, cara Angelica, all die Jahre nicht.

Wenn ich hier im Schatten sitze, träume ich manchmal von Deutschland. Es ist dann so, als sei alles gestern erst gewesen.

Als alter Mann gestehe ich es Dir: Du warst damals, als ich mich oft einsam fühlte und Heimweh hatte, mein Lichtblick und meine Sonne. Manchmal richtete ich die Tour mit dem Eiswagen extra so ein, dass ich durch Eure Siedlung kam.

Du warst meist die erste, die um die Häuserecke bog. Zur Belohnung durftest Du die Glocke durch die Straßen tragen.

Wie Deine himmelblauen Augen glänzten, Dein schöner Mund lachte und die blonden Locken bei jedem Hüpfer auf und abwippten! Eifrig bimmeltest Du und riefst, der Eismann ist da. Wir beide waren traurig, und Dein Augenblau löste sich fast auf, wenn mein Geschäft nicht gut lief.

Deine Finger umklammerten den Groschen, damit er nicht verloren ginge, oder Du gabst ihn mir zum Aufbewahren. Erst beim letzten Halt in der Siedlung wolltest Du Deine Himmelblau-Kugel. Wie gebannt wartetest Du auf den Zaubertrick, den ich nur bei Dir und anderen schönen Mädchen in der Stadt vorführte. Erinnerst Du Dich daran, wie ich das gefüllte Hörnchen mehrmals um meine Finger jonglierte? Mal war das Eis oben, mal unten. Jedes Mal jauchztest Du laut auf und riefst: Emilio, mein Eis! Aber, Hokuspokus, schon war es in Deinen rundlichen Händen.

Du winktest mir nach, bis wir uns nicht mehr sehen konnten.

Einmal hattest Du kein Geld und schlendertest still neben mir her. Was ist, fragte ich Dich, hast Du Kummer, warst Du etwa nicht artig?

Du verdrehtest Deine Finger ineinander, wickeltest sie im Rocksaum ein und schnell wieder aus, trippeltest mit den Füßen hin und her. Ich muss Dir etwas sagen, presstest Du leise aus Dir heraus. Nun mal los, machte ich Dir Mut. Emilio, Deinen verschämten und betörenden Augenaufschlag werde ich nie vergessen. Emilio, ich will Dich heiraten. Willst Du mich auch?

Innerlich musste ich lachen ob Deines kindlichen Gemüts, aber der Ernst in Deiner Stimme riet mir zu einer vorsichtigen Antwort. Ja, in zehn Jahren, wenn Du mich dann noch willst.

Ehrlich, cara Angelica, es war der schönste Heiratsantrag, den mir je eine Frau gemacht hat.

Was Du nicht wissen konntest. Ich war kurz nach meiner Heirat mit einer rassigen Frau aus Sizilien nach Deutschland gekommen. Ich wollte schnell das große Geld machen und reich werden. Meiner Familie in Italien sollte es gut gehen. Meine Frau wollte ein Haus und ich natürlich Bambini.

Den Rest der Geschichte kennst Du. Tränenreich war unser Abschied nach fünf Jahren, und Du versprachst, mich zu besuchen.

Das geschah viele Jahre später. Du machtest deine Hochzeitsreise nach Italien und stelltest mir Deinen Auserwählten vor. Ich tat beleidigt und erinnerte Dich an Dein gegebenes Gelübde. Dein Mann reagierte irritiert. Erst als meine Frau und unsere drei Kinder hinzukamen, beruhigte er sich.

Cara Angelica, sag ehrlich, hat er Dich glücklich gemacht? Hast Du inzwischen Kinder? Warum schreibst Du nicht einmal?

Du wunderst Dich vielleicht, dass ich in meinem Alter so gut deutsch gelernt habe und mit einem Computer umgehen kann.

Oben unter dem Dach, Du weißt schon, wo Du mit Deinem Mann geschlafen hast, wohnt seit einiger Zeit ein Deutscher. Ihm gefällt es bei uns und in Rom gut und alle lieben ihn. Er kann so schön deutsch und italienisch erzählen und schreiben. Weißt Du wie wir ihn nennen? Goethe!!

Goethe hat Dir diesen Brief geschrieben, ich habe ihm nur die Geschichte von Dir erzählt, liebe Angi.

Cordialmente tuo

P.S. Ruf doch mal bei Goethe an. Die Nummer steht auf dem Briefumschlag

*

Winter 2009/2010: Zeit, sich der Kindheit zu erinnern. Eine intensive Beschäftigung damit, Fragen der Kinder und ein Treffen mit Nachbarmädeln von damals brachten mich dazu, genauer zurück zu schauen. In thematischer Gliederung versuchte ich, mich dem Einst möglichst genau zu nähern. Begebenheiten aus der Kindheit sind in Geschichten schon beschrieben.

Freunde ermunterten mich, weiter zu schreiben, um das Vergangene für die jüngere Generation fest zu halten und auch drucken zu lassen. Diesen Freunden sage ich Dank!

Emmi Beck   (neubauerphotos)

1939 in Dortmund geboren, verlebte ich meine Kindheit während des Krieges und in der Zeit danach bis 1962 in Oberdorstfeld „Am Wasserfall".

Die Schulzeit endete 1955 mit der Mittleren Reife. Bis 1962 war ich in einer Verwaltung beschäftigt.

1960 heiratete ich Klaus Beck. Die Familie vergrößerte sich um vier Kinder und zog 1970 ins eigene Haus in den Schwerter Raum. Heute nenne ich „Schwerte" Heimatstadt.

Seit 1973 betätige ich mich ehrenamtlich. Die Mitwirkungsgremien der Kinder lagen mir am Herzen, sowie das Presbyterium. 25 Jahre mischte ich mich in die Kommunalpolitik auf verschiedenen Ebenen ein, woraus sich mehrere Ehrungen ergaben.

Die Kinder wurden erwachsen und gingen aus dem Haus. Mein Mann starb 1995. Körperliche Einschränkungen machten es 2006/2007 notwendig, das Haus aufzugeben, um in einer Stadtwohnung die letzte Lebensphase zu beginnen.

Pomaska-Brand Verlag

Jörg Stanko
Wie ich einen ostpreußischen Superhelden erfand
Roman, 98 S., kart., 12,- €
ISBN 978-3-935937-81-8

Kann man die Vergangenheit und damit sein eigenes Leben verändern, indem man in die Geschichte eingreift, Figuren verändert oder sie neu erfindet?
»Ich sehe den jungen Friedrich und seine romantische Liebe, die er zurücklassen muss ...«
Feinsinnig und mit hintergründigem Humor begibt sich der Autor auf Spurensuche, die ihn zwangsläufig auch zu einer Auseinandersetzung mit seiner deutschen Identität führt.
Ein Buch für Sinnsucher, Romantiker, Melancholiker und andere finstere Gesellen.

Das Vergangene ist nicht vergangen ... jede Generation erlebt das „deutsche Trauma" auf ihre Weise. Was hat es mit den Kriegsenkeln gemacht und wie werden die Urenkel damit umgehen?

Werner Sinnwell
Schuttblumen
192 Seiten, Leinen, Schutzumschlag/ Lesebändchen, 19,80 €
ISBN 978-3-935937-68-9
als Taschenbuch 14,80 €
ISBN 978-3-935937-80-1

„Hin und wieder gehe ich, bevor ich den Heimweg über die Autobahn antrete, durch die Straßen, in denen ich als Kind gespielt habe. Tauche in die Vergangenheit ein. Oft habe ich das Gefühl, als versuche ich, Mutters schwindende Erinnerungen durch mein verstärktes Erinnern zu kompensieren, um so unsere gemeinsame Geschichte zu retten. Das ist wie ein Sog, gegen den ich mich nicht wehren kann."

Werner Sinnwell erzählt eine Geschichte von emotionaler Tiefe, dem Überleben in schwierigen Zeiten und der Erfahrung von Glück und Geborgenheit.

Buch-Tipp der Kulturhauptstadt Ruhr.2010

Werner Sinnwell
Wir dachten alle, keiner erinnert sich an uns
Spurensuche in der Ukraine
122 Seiten, kartoniert, 10,80 €
ISBN 978-3-935937-03-2

Ein mittelständisches Unternehmen aus dem Märkischen Kreis lässt in der Ukraine nach ehemaligen Zwangsarbeiter/innen suchen. „Wir dachten alle, keiner kennt uns, keiner erinnert sich an uns!" Nadeshka K. aus Kiew ist fassungslos darüber, dass fast 60 Jahre nach ihrer Verschleppung Leute aus Deutschland an ihrer Tür stehen.

Das Buch handelt vom Erinnern und einer ungewöhnlichen Spurensuche.

Die Darstellung beleuchtet erschütternde Lebenswege ukrainischer Frauen und Männer und vermittelt einen lebendigen Eindruck davon, wie Erinnern zur Versöhnung beitragen kann.